투명인간

투명인간

초판 1쇄 인쇄 2025년 1월 15일
초판 1쇄 발행 2025년 1월 17일

지은이 무주
펴낸이 박세희

펴낸곳 (주)도서출판 등대지기
등록번호 제2013-000075호
등록일자 2013년 11월 27일
주 소 (153-768) 서울시 가산디지털2로 98,
　　　 2동 1110호(가산동 롯데IT캐슬)
대표전화 (02)853-2010
팩스 (02)857-9036
이메일 sehee0505@hanmail.net

편집 디자인 박세원

ISBN 979-11-6066-112-5
ⓒ 무주 2025, Printed in Seoul, Korea

- 이 책의 판권은 지은이와 도서출판등대지기에 있습니다.
- 잘못된 책은 바꾸어 드립니다.

투명인간

무주 지음

등대지기

책을 펴내며

　복어는 독을 품고 있다. 품고 있는 독을 제거하면 누구나 좋아하는 다양한 요리를 만들 수 있는 장점들을 가지고 있다. 많은 장점들을 가지고 있는 것을 보여 주었음에도 불구하고 본인은 그런 능력을 펼치지도 못하면서 상대방의 장점들에 대해서 한마디도 하지 않고 단점만 강조하여 왜곡되게 포장하여 말하는 것은 매우 큰 잘못을 한 것이다.

　생각이 깊고 몸이 움직이는 행동반경이 넓으면 장점들을 찾아내서 장점을 위주로 활용을 한다. 생각이 얕고 몸이 움직이는 행동반경이 좁으면 단점을 발견하게 되고 단점들을 위주로 얼룩지게 한다. 말은 자신이 아는 공부 수준을 표현하는 것이다.

　말의 전달 중 가장 비열한 것은 단점만을 강조하여 이야기하면서 뒤통수를 치게 되면 악연이 되어 큰 부메랑으로 자신에게 되돌아오는 것이다. 말을 전달할 때 깊이 생각하기를 바라면서.

을사년 1월에
무주

차례

책을 펴내며   05

1부

꿈을 깨라	13
투명 인간	17
살생을 하지 마라	21
무엇을 위해 사는가	25
간절한 마음에 정성을 쏟아라	28
꽃과 나무에서 당당하게 살아가는 삶을 배워라	32
지옥골에서 벗어나라	36
긍정적인 마음을 가져라	40
벽시계를 바라보며	44
배려하는 마음을 가져라	48

2부

도움	55
나무처럼	59
나는 누구인가?	64
일터가 수행처이다	68
과유불급過猶不及	72
깨어 있는 사람	76
처음처럼	81
인연	85
회심回心	89
기다리는 마음	93

차례

3부

도반道伴	99
길	103
수행	107
탐.진.치貪.瞋.癡	111
연등	115
발길 닿는 대로	119
꽃에서 배워라	123
산 사람	127
스스로 행복한 사람	131
자연 앞에서	135

4부

자신답게 살아라 … 141

침묵 … 145

물처럼 흐르라 … 149

어려움을 극복하라 … 153

날마다 새롭게 … 157

토굴 … 161

수행자의 길 … 167

주 4일 근무 … 171

심각한 경고 … 175

가을 끝자락에 서서 … 179

부록

당신도 골프를 쉽게 칠 수 있다 … 185

1부

법광 스님을 중심으로 삽과 곡괭이로 땅을 파고 지게로
돌을 옮겨 축대를 쌓아 만든 토굴의 모습

꿈을 깨라

자신의 능력이 부족할 때
남들이 이룩한 것을 보고
하나의 희망을 갖고 꿈을 꾸게 된다.
숨겨진 자신의 뛰어난 능력을 찾아서
자신의 한계를 극복하게 하는
근기를 강하게 더욱 강하게 노력하여
자신의 뛰어난 능력을 발휘하여야 한다.
자신의 뛰어난 능력을 발휘할 수 있는데
굳이 꿈을 꾸는 이유가 있는가?
힘들게 이룩한 것에 만족하여
안일한 마음으로 정체된 삶을 살아가면
탄력 있는 삶을 잃게 된다.
그 넓이의 끝을 알 수 없고
그 깊이의 끝을 알 수 없는 정신세계는
깨어있는 의식으로 삶의 리듬을 가지며
탄력 있게 활동하게 한다.
꿈을 꾸는 것이 아니라
늘 꿈에서 깨어나
자신다운 삶을 살아
가도록 하여야 한다.

꿈을 깨라

'구름처럼 물처럼'에 나온 내용 중에 어느 누구도 꿈에 관하여 의의를 달지 않았다. 법광스님만 꿈을 꾸는 것이 아니라 꿈을 깨는 것이라며 '꿈을 깨라'는 화두를 던졌다. '꿈을 깨라'는 화두를 들고 깊은 명상의 바다에서 서서히 꿈에서 깨어나게 된다.

어린이는 어른이 되면 이루고 싶은 일들에 대해 다양한 꿈을 가진다. 점점 성장하면서 꿈은 구체적으로 형태를 갖추고 노력하면서 하나하나 다듬어 간다. 다양한 경험을 한 것으로 도전 의식을 갖고 생활을 하여 깨달음을 얻게 되면, 꿈을 꾸고 따라가는 것이 아니라 꿈을 깨어 자신의 삶을 살아가게 되는 일을 하게 된다.

젊은 시절에는 경험이 부족하고 지혜를 발휘할 수 있는 능력이 부족하여 꿈을 가지게 되면 하나의 희망으로 싹을 틔운다. 경험이 부족하여 소극적으로 행동을 하게 되면 숨겨진 자신의 뛰어난 능력을 발휘하지 못하고 부질없는 꿈을 가지게 되는 것이다. 적극적으로 행동을 하면 어려운 일을 극복하는 과정의 삶은 탄력적이며 활기찬 생활을 하게 만들어 준다.

 자신이 힘든 과정을 극복하면서 경험한 것을 바탕으로 생각에 생각을 더하여 새로운 것에 도전하게 되면, 자신의 근기를 강하게 하여 자신만의 뛰어난 능력을 발휘하게 된다. 다양한 경험을 한 것에 지혜를 발휘하면 꿈을 꾸고 꿈을 이루는 것이 아니라 자신이 해야 할 일에 자신감을 가지게 되어 꿈을 깨는 일을 하게 되는 것이다.

 정신세계는 그 깊이의 끝을 알 수 없고 그 넓이의 끝을 알 수 없다. 한 가지를 이루었다고 안일한 마음으로 생활하면 안 된다. 하나의 힘든 과정을 마쳤다고 전부인 것처럼 안주하면 고여있는 물처럼 썩기 마련이다. 또 다른 새로운 도전의식을 가지고 높이 높이 솟아오르고 때로는 생각에 깊이깊이 잠겨야 삶의 리듬도 뒤따라오게 된다. 삶의 탄력을 잃으면 안 되는 것이다.

 꿈을 깨면 자신의 내 면에 숨겨져 있던 본래의 모습을 보게 된다. 본래의 자신은 꿈을 가지고 희망을 찾는 것이 아니라 자신의 뛰어난 능력을 발휘하여 자신의 삶을 만들어 갈 수 있게 한다.

깨달음은 꿈을 좇아가는 것이 아니라 자신의 뛰어난 능력을 발휘하여 만들어진 만족에 안일한 마음을 없애는 것이다. 그 깊이의 끝과 그 넓이의 끝을 알 수 없는 정신세계의 의미를 되새겨 보아야 한다. 뛰어난 자신의 능력을 발휘하여 최소한 나와 남을 위한 삶을 살아야 한다. 뛰어난 선지식은 남을 위한 삶을 살아간다. 꿈을 좇아 희망을 갖는 것이 아니라 꿈을 깨고 자신의 뛰어난 능력을 발휘하여 자신다운 삶을 살아가야 하지 않을까!

투명 인간

자신을 드러내지 않고
어려운 사람들을 위해
아낌없이 돈과 물질을 기부하여
자신과 남들이 함께 더불어 살아가며
세상을 밝게 비추는
투명인간.
수행은 행동으로 실천하여 생각을 바꾸게 하고
생각을 바꾸면 삶의 의미를
행동으로 실행하여 삶의 가치를 알게 하는
투명인간.

투명인간

 투명인간은 투명하여 보이지 않는 사람이 아니다. 자신을 드러내지 않고 어려운 사람들을 위해 아낌없이 돈과 물질을 기부하여 세상을 밝게 비추는 사람을 말한다.
 요즘 100세 시대라고 오래 사는 삶이 매우 중요한 것처럼 말하고 있다. 나이 60, 70, 80, 90,100세가 되는 것은 순식간이다. 세월의 무게만큼 지나간 나이는 화살처럼 빠르게 흘러간다. 깨달음은 경험을 하여 생각이 바뀌게 되고 생각이 바뀌면 행동을 바꾸게 한다. 물질적인 행복보다 마음의 행복을 느끼게 되면 살아가는 삶은 매우 풍성하게 된다. 물질적인 행복은 어느 순간 하나의 사건이 발생하여 물질이 사라지면 불행으로 바뀌게 된다.
 누구에게나 찾아오는 위기의 순간은 힘들지만 지혜롭게 해결하면 비 온 뒤에 땅이 굳어지듯이 자신을 더욱 지혜로우면서 강하게 만들어 준다. 위기의 순간을 극복하지 못하고 쉽게 포기하면 더욱 힘든 삶이 기다리고 있다.

　세상은 자신과 남들이 함께 더불어 살아가는 곳이다. 자신과 더불어 남들과 함께 지혜롭게 살아가는 삶을 추구하는 깨달음을 행동으로 실천하는 사람이 투명 인간인 것이다. 투명 인간은 자신을 드러내지 않으면서 힘든 이웃을 위해 따뜻한 마음을 행동으로 실천한다. 투명 인간은 마음의 행복 가치의 즐거움을 아는 사람인 것이다.

　자신에게 뛰어난 능력을 발휘하도록 하는 것은 부와 명예를 자신만의 욕망으로 채우도록 하는 것이 아니다. 자신의 뛰어난 능력을 발휘하여 자신과 더불어 남들과 함께 지혜롭게 살아가는 삶을 실천하기 위한 것이다.

　세상을 하직할 때 물질적으로 아무리 많아도 가져가지 못한다. 다만 살아 온 동안 행동으로 실천하여 정신적으로 성숙 된 깨달음을 가져가게 된다. 다음에 다른 인간의 모습으로 태어나 행동으로 실천하여 정신적으로 성숙 된 것을 다시 활용하게 되는 것이다. 그만큼 정신적으로 성숙 되는 삶을 살아가야 하는 매우 중요한 깨달음의 이유인 것이다.

　투명 인간은 힘들고 어려운 시기에 많은 사람들에게 감동을 주며 세상을 따뜻한 마음으로 살아가게 만든다. 수행은 행동으로 실천하여 생각을 바꾸게 한다. 생각을 바꾸면 삶의 의미를 행동으로 실천하여 삶의 가치를 알게 한다. 삶의 가치를 알면 마음의 행복은 꽃을 피우게 된다. 진정으로 깨달음을 알고 행동하는 투명 인간의 삶을 되새겨 보아야 하지 않을까!

살생을 하지 마라

손맛을 느끼기 위해 재미로 낚시를 즐기면
고기의 생명을 괴롭히게 된다.
사기꾼이 자신의 재산을 가지고 사기를 하여
그 재산으로 호의호식을 하면
용서할 수 있겠는가?
살아있는 생명을 괴롭히거나
함부로 살생을 하면
자신도 사기꾼의 달콤한 유혹에 넘어가
고기의 운명처럼 될 수 있다는 것을.
살생을 하지 말고 방생을 하여야
자신이 정신적, 육체적, 물리적으로 힘들 때
남들에게 도움을 받는 존재가 될 수 있다.
남들이 정신적, 육체적, 물질적으로 힘들 때
자신이 먼저 다가가 도움을 줄 수 있어야 한다.
자신이 힘들 때 남들에게 도움을 받을 수 있는 존재가 되면
남들이 쉽게 할 수 없는 큰일을 할 수 있게 된다.
살생을 하지 말고 방생을 하라는
진리의 세계의 깊고 깊은 뜻을
헤아려 보고 행동으로 실천하라.

살생을 하지 마라

하찮은 생물이라고 여기며 함부로 살생을 하면 안 된다. 손맛을 느끼기 위해 재미로 낚시를 즐기면 고기의 생명을 괴롭히게 된다. 사기꾼이 자신의 재산을 가지고 사기를 하여 그 재산으로 호의 호식을 하면 용서할 수 있겠는가? 재미 삼아 낚시로 잡은 고기를 먹으면 고기의 업까지 먹게 된다.

'자제와 절제'가 없는 물질적 욕망은 사람들을 불행의 늪으로 빨려 들어가게 만든다. 달콤한 유혹의 손길로 자신의 재산을 노리는 사람들이 있다는 것을 알아야 한다. 손맛을 느끼기 위해 고기의 생명을 좌우하듯이, 자신이 사기꾼의 달콤한 욕망의 유혹에 넘어가 불행의 늪으로 빨려 들어가서는 안 된다.

자연에는 수많은 종류의 생명들이 상호 작용하며 살아가고 있다. 하찮은 생물이라고 여기며 함부로 살생을 하면 자연 생태계가 무너져 자연의 위기가 발생할 수 있다. 기업도 마찬가지로 부하직원을 하찮은 존재라 여기며 함부로 갑질을 하면 기업도 위기를 초래할 수 있다.

깊은 산속에서 남의 도움 없이 홀로 무소유의 수행으로 공부를 하면 여러 가지 애로사항이 생기게 마련이다. 그때마다 인연이 있는 분들의 도움을 얻게 된다. 특히 지각스님은 새벽예불을 하기 전에 1시간 먼저 일어나 법당에 들어가 자신의 기도부터 하고 새벽예불을 하는 기도 스님이다. 천년고찰을 위주로 1,000일 이상 기도를 마치고 다른 절에 가서 기도를 하는 스님이다. 가끔씩 찾아뵈면 겨울에 춥지 않게 지내라며 누비옷과 양말 등을 챙겨주곤 하였다. 가끔 돈이 필요하면 돈이 생기면 갚으라며 필요한 만큼 통장으로 입금시켜 주셨다.

이처럼 어려움이 있을 때 도움을 주는 사람이 옆에 있으면 매우 큰 힘이 된다. 세상이치도 마찬가지로 남에게 도움을 받을 때가 있다. 남들에게 고통스러운 갑질을 하여 이기적인 동물적인 삶을 살아서는 안 된다. 서로 도와가면서 자신과 함께 더불어 발전할 수 있는 존재가 되어야 한다. 살생을 하지 말고 강이나 호수에 고기를 풀어주는 '방생'의 깊은 뜻을 명상으로 헤아려 보아야 한다.

자신이 정신적, 육체적, 물질적으로 힘들 때 남들에게 도움을 받을 수 있는 존재가 되어야 한다. 남들이 정신적, 육체적, 물질적으로 힘들 때 먼저 자신이 다가가 도움을 줄 수 있도록 노력하여야 한다. 사람은 힘들 때 서로 도우면 어떠한 어려움도 극복할 수 있고 서로 발전할 수 있는 존재가 되는 것이다.

　손맛을 느끼기 위해 재미로 낚시를 하여 고기를 잡아서 원한의 업을 먹지 마라. 남들이 힘들어할 때 자신이 도움을 주어 복을 지으면 자신이 힘들 때 남들에게 도움을 받을 수 있다는 것을 알아야 한다. 그런 도움으로 남들이 쉽게 할 수 없는 큰일을 할 수 있게 된다. '살생을 하지 마라'는 진리의 세계가 가르쳐주는 깊고 깊은 뜻을 행동으로 실천하여 체험하는 것이 좋지 않을까!

무엇을 위해 사는가

세월은 속절없이 빠르게 흘러간다.
마냥 무의미하게 세월을 보내고 있지 않는가?
자신을 되돌아 보고 자신에게
무엇을 위해 사는가에 대해 질문을 던져라.
새로운 일에 관심을 가지고
새로운 일에 도전을 하여 흥미를 느끼면
탄력 있는 행동으로 바뀌게 되어
마음의 행복을 얻을 수 있으며
삶의 고민이 끼어들 틈이 없어지게 된다.
자신다운 삶을 추구하는 변화된 행동에서
다양한 경험을 통해 생각에 생각을 더하여
깊은 명상에서 지혜가 태어난다.
깨달음은 자신이 몰랐던 것을
다양한 경험을 통해 하나하나 알아가는 것이다.
깨달음이 깊어질수록 무의미한 삶은
그때그때의 자기 삶에 최선을 다하여
의미 있는 삶으로 살아가게 만든다
무엇을 위해 사는가를 자신에게
화두를 던져라.

무엇을 위해 사는가

세월은 속절없이 빠르게 흘러간다. 순식간에 나이가 50, 60, 70, 80세가 다가온다. 마냥 무의미하게 세월을 보내고 있지 않은가? 자신을 되돌아볼 줄 알아야 한다. 세상살이에 휩쓸려 자신의 삶이 아닌 끌려가는 삶을 살고 있지 않은지 살펴보아야 한다. 자신에게 무엇을 위해 사는가에 대해 화두를 던져야 한다.

자신다운 삶을 살아가기 위해서 관심을 가지고 새로운 일에 도전할 수 있으면 마음의 행복을 얻을 수 있다. 새로운 일에 흥미를 느끼면 단력 있는 행농으로 바뀌게 된다. 자연스럽게 명상을 통해 생각을 하게 되고 새로운 방법으로 변화를 시도하게 된다. 그러한 변화가 의미 있는 삶으로 살아가게 되는 계기가 된다. 시간이 없는 것이 아니라 짧은 시간이라도 자신다운 삶을 위해 아낌없이 투자를 하게 되는 것이다. 그때는 삶의 고민이 끼어들 틈이 없어지게 되어 마음이 넉넉하고 충만하게 된다.

 마음의 행복은 자신다운 삶을 추구하는 변화된 행동에서 마음이 활짝 열리면서 찾아온다. 지혜는 다양한 경험을 하면서 생각에 생각을 더하여 깊은 명상에서 태어난다. 지혜는 자신을 엄청나게 변화를 시킨다. 지혜는 숨겨진 자신의 뛰어난 능력을 발휘하게 만드는 것이다. 깨달음은 자신이 몰랐던 것을 다양한 경험을 통해 하나하나 알아가는 것이다. 깨달음이 깊어 질수록 무의미한 삶을 그때그때의 자기 삶에 최선을 다하여 의미 있는 삶으로 살아가게 한다. 이왕 살아가는 것을 마음의 즐거움으로 변하게 만들어 간다.

 세상살이에 휩쓸려 자신의 삶이 아닌 끌려가는 삶을 살아가면 스트레스에서 헤매게 된다. 스트레스가 심하면 몸과 마음을 심하게 병들게 한다. 젊을 때 나도 담배를 피워서 끊는 것이 힘들다는 것을 안다. 담배를 끊고 싶어도 스트레스가 찾아오면 쉽게 담배를 피우게 된다.

 자신다운 삶을 살아가면 스트레스에서 해방될 수 있고 담배를 쉽게 끊을 수 있다. 마음공부는 앉아서 명상만으로 되는 것은 아니다. 관심을 가지고 새로운 일에 흥미를 느껴라. 흥미를 느끼면 자신을 엄청나게 변화를 시키게 된다. 자신에게 '무엇을 위해 사는가?'라고 화두를 던져라.

간절한 마음에 정성을 쏟아라

더 이상 물러설 곳이 없는 간절한 마음은
자신이 가지고 있는 능력의 한계를 극복하게 하고
자신의 부족한 면을 채우는데 최선을 다하게 한다.
간절한 마음에 정성을 쏟으면서 일을 하면
정성을 들여서 최선을 다한 노력은 배신을 하지 않는다.
대충대충 안일한 마음으로 일을 하면
대충대충은 자신을 비참한 늪으로 밀어 버린다.
이왕 하는 일에 정신을 집중하여
정성을 들여서 최선을 다하면
정성을 들여서 하는 일은 자신감을 갖게하여
자신만의 독창적인 것으로 개발하는 계기가 된다.
정성을 들여서 한 일은
일의 노예가 되는 것이 아니라
스스로 일을 만들어 갈 수 있으며
자신을 가꾸고 인격체를 다듬는 과정에서
깨달음을 얻는 소중한 수행처가 된다.
이왕 하는 일에 간절한 마음으로
정신을 집중하고 정성을 들여서 최선을 다해
잠자고 있는 뛰어난 자신의 능력을 깨워라.

간절한 마음에 정성을 쏟아라

　더 이상 물러설 곳이 없는 간절한 마음은 자신이 가지고 있는 능력의 한계를 극복하기 위하여 최대한 노력을 하게 된다. 고수가 하는 일을 유심히 살펴보고 자신의 부족한 면을 채우는 노력이 절실하게 느껴진다.

　간절한 마음은 나약한 자신을 정신적, 육체적으로 강하게 변화를 시키는 근본적인 힘이 되는 것이다. '그저 이루어지는 것은 없다'라는 평범한 진리에서 간절한 마음을 가져야 한다. 소를 끌고 시냇물에 데려갈 수 있지만 강제로 물을 먹일 수 없다. 일을 하기 싫은 사람을 강제로 시키면 효율은 없다. 간절한 마음을 가진 사람은 다른 사람보다 뛰어난 효과를 발휘하게 된다.

　자신의 삶은 자신이 책임을 지는 것이므로 주위의 눈치나 살피며 대충대충 살아갈 수 없다. 모든 일은 자신이 집중력을 가지고 정성을 들인 만큼 결과물이 탄생한다. 그저 쉽게 해결되기를 바라지 마라. 그저 쉽게 얻어지는 것은 없다. 정성을 쏟아서 만들어지는 것은 눈으로 확인할 수 있다.

음식의 세계와 예술작품의 세계, 올림픽을 준비하는 운동선수들의 흘린 땀에서 그 결과물이 나타나는 것이다. 정성을 쏟아서 만들어진 결과물은 자신뿐만 아니라 바라보는 사람들을 감탄과 즐거움으로 변하게 만드는 힘을 발휘한다.

정성을 들여 일을 하면 정성은 배신을 하지 않는다. 대충대충 일을 하면 어느 순간 대충대충은 자신을 비참한 늪으로 밀어 버린다. 이왕 하는 일에 정신을 집중하여 정성을 들여서 최선을 다하여야 한다. 정성을 들여서 하는 일은 자신감을 갖게 하여 자신만의 독창적인 것으로 개발하는 계기가 되는 것이다.

무기력하고 나약한 삶에서 벗어나지 않으면 어떤 일도 할 수 없는 처지로 전락하게 된다. 자유롭고 생기 넘치는 삶을 살다가기 위해서는 정신을 집중하고 정성을 들여 최선을 다해야 한다.

자신이 최선을 다하여 정성을 들여 만든 일은 남들과 공유할 때 마음의 행복을 느끼며 얼굴에 미소가 머금는다. 대충대충 하는 일은 끌려가는 지옥 같은 삶을 요구하게된다. 신념을 가지고 당당하게 살아가기 위해서는 정성을 들여서 최선을 다하라.

게으르고 힘든 일을 포기하는 사람은 일의 노예가 되어 단순히 의식주도 제대로 해결하지 못하는 삶으로 전락하게 된다. 정신을 집중하여 정성을 들여서 한 일은 일의 노예가 되는 것이 아니라 스스로 일을 만들어 갈 수 있다. 자신을 가꾸고 인격체를 다듬는 과정에서 깨달음을 얻는 소중한 수행처가 된다.

　깨달음은 멀리서 얻는 것이 아니라 생활속에서 정성을 들여 행동으로 실천하면 마음의 눈으로 볼 수 있다. 어떠한 마음가짐으로 정성을 들이고, 어떠한 방법으로 일을 하는가에 따라 그 완성도는 확연히 차이가 드러난다. 그 결과는 자신도 즐겁고 남들에게 희망을 줄 수 있어 밝은 세상을 만들 수 있는 큰 힘을 발휘하게 된다. 이왕 하는 일에 정신을 집중하고 정성을 들여서 최선을 다하여 잠자고 있는 뛰어난 자신의 능력을 깨워라.

꽃과 나무에서 당당하게 살아가는 삶을 배워라

강렬한 햇볕이 기승을 부리는 여름에
당당하게 자신만이 가지고 있는 색깔의 빛을 발하는
꽃들을 바라보면서 당당하게 살아가는 삶을 배워야 한다.
매서운 찬 바람이 몰아치던 날에
나무들은 미련 없이 옷을 하나, 둘 모두 벗어 버린다.
늘 제 빛깔인 녹색의 기상이
당당하고 경이로운 모습으로 가까이 다가오는
소나무를 보고 자신답게 살아가는 삶을 배워야 한다.
어려운 일에 마주치면 움츠려 들지 말며
그동안 자신이 경험한 것을 가지고
한계의 틀에서 벗어나는 지혜의 힘을 발휘하여
어려움을 극복하여야 한다.
강렬한 햇볕에 당당하게 피어있는 꽃과
매서운 한파에 맞서며 당당하게 서 있는 소나무에서
나약한 삶에서 벗어나
당당하게 살아가는 삶을 배워라.

꽃과 나무에서 당당하게 살아가는 삶을 배워라

　매서운 찬바람이 부는 겨울이 지나면 따사로운 봄이 찾아오면서 얼어붙은 개울물이 녹아 노래를 부른다. 앙상한 가지에서 꽃이 피면 산과 들에서 화사한 수채화로 물들어 간다. 겨울에 움츠렸던 몸을 기지개를 펴며 산과 들로 꽃을 보러 사람들은 들뜬 마음으로 나들이를 가기에 바쁘다. 한 해를 시작하는 계절만큼 사람들도 나들이를 통해 새로운 마음으로 활력을 되찾는다.

　가뭄과 태풍 등 자연의 역경을 극복하고 난 나무들은 과일과 열매를 인간과 동물들에게 내어주고, 한 해를 마무리하는 가을잔치를 준비하여 화려한 단풍으로 온 산을 화려한 무대를 꾸민다. 사람들은 단풍 구경을 통하여 자신의 한 해를 서서히 마무리를 하게 된다.

강렬한 햇볕을 덤덤하게 받아들이며 당당하게 피어있는 여름꽃에서 소중한 것을 배운다. 매서운 겨울바람과 눈을 받아들이며 언제나 푸르름을 잃지 않는 소나무에서 소중한 것을 배운다.

 강렬한 햇볕에 무르익은 무더위가 기승을 부리는 여름에 풀들은 더위에 지쳐 옆으로 축 늘어져 있다. 반면에 꽃들은 강렬한 햇볕을 덤덤하게 받아들이며 자신만이 가지고 있는 색깔의 빛을 발한다. 사람은 때로는 어려운 일에 부딪히게 된다. 마음의 의지가 약하면 견디지 못하고 쉽게 포기하게 된다. 의지가 강할수록 힘든 일을 포기하지 않고 그동안 경험한 것을 가지고 지혜의 힘을 발휘하여 어려움을 극복하게 된다. 자신의 한계에 부딪힐 때 지혜의 힘을 발휘하여 해결했을 때 찾아오는 그 기쁨은 한층 성숙한 자신만의 몫인 것을 강렬한 햇볕에 당당하게 피어있는 꽃들을 보며 자신이 가지고 있는 능력의 한계를 비교해 보라. 특히 큰 깨달음을 얻고자 하면, 연꽃을 바라보며 연꽃이 전해주는 깊고 깊은 뜻을 헤아려 보기를 바란다.

 매서운 찬바람이 몰아치던 날, 나무들은 미련 없이 옷을 하나, 둘 모두 벗어 버린다. 따뜻한 봄이 오기를 기다리며, 얼어 붙은 땅속에서 나무 뿌리는 흙을 힘껏 움켜 잡고 대지의 기운과 대화하며 힘겨운 시기를 보낸다. 소나무는 겨울에 옷을 벗고 움츠리며 추위에 떠는 나무들에 비해, 늘 제 빛깔인 녹색의 기상이 당당하고 경이로운 모습으로 가까이 다가온다.

  소나무를 자세히 보면 푸른빛과 황금빛을 발하는 한 마리의 청룡과 황룡을 보는 듯 하다. 온몸에 철갑을 두른 두꺼운 비늘을 걸치고 있다. 땅속으로 뻗어 있는 뿌리를 보면 땅속에 있는 상서로운 기운을 느끼게 된다. 겨울처럼 힘겨운 일에 마주치면 움츠려 들지 말고, 숨겨진 자신의 뛰어난 능력을 발휘하여 용이 하늘을 비상하듯이 자신의 능력을 펼쳐 보기를 바라면서.

지옥골에서 벗어나라

눈에 보이는 수직 문화의 세계는
경쟁 속에서 물질적인 탐욕으로 인하여
가지고 또 가져도 끝이 없고
이간질과 경쟁 속에서 마음의 여유가 없으므로
지옥 골의 고통만 어깨를 누른다.
무엇을 위해 사는가?
의미 있고 가치 있는 삶을 살아가고 있는가? 라고
자신에게 질문을 던지고
명상을 하여 그 답을 얻으면
바로 행동으로 실천하면
이미
지옥골에서 벗어나 있는 것을

지옥골에서 벗어나라

　사람은 누구나 인간의 모습으로 살아간다. 그러나 자세히 살펴보면 지옥, 아귀, 축생, 아수라, 인간, 천상의 모습으로 제각기 다르게 살아가고 있다. 여섯 가지의 형태로 살아가는 삶을 6도六道라 한다.
　지옥 같이 살아가는 삶은 전생에 지은 죄가 많아서 자신이 하고자 하는 일은 뜻대로 되지 않는다. 그러므로 정신적 고통 속에서 살아가게 된다. 업장이 두터워 신성한 곳에는 가지도 못하고, 주위에 있는 사람들과 동떨어져 외로운 삶을 살다 가게 되는 것이다. 아귀같이 살아가는 삶은 게으름을 좋아함으로 남들처럼 힘든 일을 하지 않는다. 생활하는데 필요 한 돈을 벌기 위하여 건설 현장 등 단순한 일만 찾아서 하게 된다. 필요한 돈을 마련하면 일을 그만두고 게으름 속으로 찾아간다. 일을 하는 것을 싫어함으로 가진 돈을 최대한 아껴야함으로 먹는 것을 마음껏 먹지 못한다. 특히 추운 겨울에는 일이 없으므로 먹는 것 자체가 힘든 고통 속에서 살아가게 된다.

 동물같이 살아가는 삶은 욕심이 많아 물질적인 것은 풍부하다. 물질의 욕망은 가지고 또 가져도 끝이 없으므로 만족감을 모르게 된다. 눈으로 좋은 것을 보고 귀로 좋은 것을 들으면 탐욕의 불이 붙는다. 코로 맛있는 냄새를 맡으면 혀로 그것을 음미하게 된다. 물질적인 감각 대상에 집착하며 살아가고자 한다. 마치 동물같이 살아가는 모습이 흡사하여 축생의 삶이라 한다. 눈에 보이는 것만 추구하고 눈에 보이지 않는 정신세계가 미숙한 존재로 살아간다. 그러므로 오직 자신만의 탐욕에 남들에게 베푸는 삶을 살지 못한다. 마치 다음 생에는 축생으로 태어나게 해 달라는 기도의 목소리를 외치는 것 같다.

 아수라 같이 살아가는 삶은 싸움질을 하고 상대방을 이간질을 하여 난장판을 만드는 것을 좋아한다. 아수라끼리 싸우면 마치 폭격을 맞은 듯 주변이 널브러져 있어 아수라장이 되었다는 말이 여기서 나온 것이다. 아수라는 싸움과 이간질을 좋아함으로 상대방으로부터 보복을 생각하게 되고, 긴장감을 가지며 살아가야 함으로 마음의 여유가 없다. 그러므로 아수라는 인간 이하로 살아가는 모습이다.

 인간적으로 살아가는 삶은 '나와 더불어 같이' 발전하는 모습으로 살아가는 것이다. 남을 배려하며 상대방을 노력하게 하여 힘든 일을 함께 극복하며 보람을 느끼게 된다. 나이가 들수록 정신적으로 성숙하게 되어 밝은 사회를 만들어 가도록 이끌어 준다. 정신적으로 성숙하여 마음의 여유가 생겨 행복한 삶을 살아가게 된다.

극락세계에 살아가는 삶은 자신보다 남을 위하여 살아가는 삶이다. 남을 위하는 삶은 남들에게 희망을 주며 언제나 상대방은 자신을 그리워하며 살아가게 된다. 남을 위하는 삶은 자신에게 마음의 행복을 영글게 한다. 남들이 쉽게 할 수 없는 일을 하며 하나의 등불이 되어 올바른 삶을 살아가도록 이끌어 주는 것이다.

지옥골에서 벗어나기 위해서는 정신적으로 성숙하여야 한다. 눈에 보이지 않는 정신세계를 알면 자신을 강하게 만들어 주며 부드럽게 만들 수 있게 한다. 자신이 강하게 되면 자신이 가지고 있는 뛰어난 능력을 발휘하게 된다. 자신을 부드럽게 만들면 자신과 더불어 같이 힘든 일을 극복하며 정신적으로 행복한 삶을 만들어 가게 된다. 힘들고 어려운 세상살이의 삶을 정신적으로 성숙하게 만들어 지혜의 힘을 발휘하여야 지옥골에서 벗어날 수 있다.

긍정적인 마음을 가져라

부정적인 마음을 가지면
어려운 일은 해 보지도 않고
소극적인 자세로 자신의 발전에 제동을 걸게 된다.
긍정적인 마음을 가지면
어려운 일을 쉽게 포기하지 않고
생각에 생각을 더하여 지혜의 힘을 발휘하게 되어
적극적인 자세로 자신만의 뛰어난 능력을 키운다.
젊은 사람은 어려운 일에
경험 부족으로 실패하는 것은 당연하다.
자신이 가지고 있는 능력의 한계를
극복하는 노력을 하면 해결 방법을 알게 된다.
긍정적인 마음을 가져라.
자신의 능력이 부족한 면을
생각에 생각을 더하여 더욱 노력하고 땀 흘려
자신만이 가지고 있는 뛰어난 능력을 펼쳐라.

긍정적인 마음을 가져라

　힘든 일을 마주하면서 부정적인 마음을 가지면 해 보지도 않으면서 할 수 없다고 단정을 하게 된다. 그러한 부정적인 마음은 자신의 능력을 발휘할 수 없게 만들어 간다. 소극적인 자세로 자신을 점점 나약하게 만들어 가게 한다. 힘든 일을 마주하면서 긍정적인 마음을 가지면 힘들지만 포기하지 않고 적극적인 자세로 일을 해결하게끔 생각을 하게 된다. 생각에 생각을 더하면 지혜를 발휘하여 해결 방법을 찾게 된다. 오랜 세월 다양한 경험을 하게 되면 남들이 쉽게 할 수 없는 일을 하게 된다. 긍정적인 마음을 가지게 되면 자신이 가지고 있는 능력의 한계를 극복하게 하여 일에 대하여 자신감을 가지게 된다.

　긍정적인 마음을 가지면 아침에 출근하기 전에 오늘도 일을 즐거운 마음으로 하기 위하여 마음에 여유로움을 가지게 된다. 부정적인 마음을 가지면 아침에 출근하기 전에 오늘도 즐거운 마음으로 여유를 가질 수 없게 된다. 부정적인 마음을 가지면 일을 이끌어 가는 것이 아니라 일에 끌려가는 신세가 된다.

긍정적인 마음을 가지면 일에 끌려가는 것이 아니라 자신이 일을 이끌고 가게 된다. 일을 이끌어 가게 되면 자신감을 가지게 되고 지혜롭게 일을 하기 위하여 많은 생각을 하게 된다. 생각에 생각을 더하면 더욱 자신을 발전시키게 되는 것이다.

젊은 사람은 의욕은 앞서지만 경험이 부족하여 실패를 하는 것은 당연하다. 몇 번의 도전에 실패를 하게 되더라도 부정적인 마음을 가지게 되면 안 된다. 실패를 통하여 자신의 부족한 것을 채우는 공부를 하게 된다. 긍정적인 마음을 가져야 자신이 가지고 있는 능력의 한계를 극복하게 된다. 자신이 가지고 있는 능력의 한계를 극복하여야 도전에 대하여 자신감을 가지게 된다. 몇 번의 실패로 인하여 인생의 모든 것을 포기하면 안 된다. 실패를 통하여 많은 생각을 하게 되고 경험한 것에 부족한 면을 채우면 자신을 발전시키게 된다.

긍정으로 향하는 부정의 단계가 있다. 깨달음은 물질적인 집착과 인정에 대한 집착에서 벗어나는 것이다. 인정에 대한 집착은 참으로 끊기 힘든 것이다. 이해하기 쉽게 예를 들어

본다. 자식이 성인이 되면 홀로서기를 하게 만들어 주어야 한다. 스스로 강한 의지력으로 세상을 헤쳐 나가야 한다. 홀로서기가 제대로 되지 않으면 시간이 흐를수록 가족 간에 서로 불편한 관계가 되어 간다. 더 많은 시간이 흐를수록 불편한 관계가 때로는 불행한 관계가 되는 것이다. 긍정으로 향하는 부정의 단계를 이해하여야 인정에 대한 집착에서 벗어날 수 있다.

온갖 얽힘으로부터 벗어나야 수행자는 해탈의 경지에 들어서 자유자재의 삶을 살아가게 된다.

벽시계를 바라보며

한쪽 벽에 걸려 있는 벽시계가
똑.딱.똑.딱…
1초가 1분이 되고 1분이 1시간이 되며
1시간이 하루가 되고 하루가 1년으로 이어진다.
24시간은 누구에게나 똑같이 주어져 있으므로
지금 이 순간을 헛되이 보내지 말라.
이런 순간들이 쌓여 한 생을 보내게 된다.
벽시계가 똑.딱 거리며
지나가면 다시 돌아오지 않는
이 순간의 소중함을 보여 주고 있다.
날마다 새롭게 신선함을 느껴야
삶의 질이 달라지고
사는 일이 즐겁게 된다.

벽시계를 바라보며

 한쪽 벽에 벽시계가 걸려 있다. 벽시계는 1초 단위로 똑.딱.똑.딱… 같은 속도로 초침이 돌아가고 있다. 1초가 1분이 되고 1분이 1시간이 된다. 1시간이 하루가 되고 하루가 어느덧 1년이란 세월이 훌쩍 지나가고 있다. 한 치의 오차도 없이 일정한 속도로 이어지는 시간은 주어진 환경에 따라 받아들이는 느낌은 사뭇 다르다. 매년 1월 1일 새벽에 건강하고 활기찬 기운으로 새로운 희망과 소원을 가슴에 품고 일출을 보러 먼길을 재촉 한다.
 구름을 연분홍빛으로 물들이며 서서히 동쪽 하늘에 수줍은 듯 내미는 일출은 찬란한 모습 그 자체이다. 새해의 일출은 새로운 한 해를 밝은 희망을 가지고 활동하게 만들어 준다. 그렇게 시작되는 새로운 시작은 추운 겨울을 버터나게 된다.

봄의 전령사인 꽃들이 화사한 모습으로 산과 들을 물들이며 사람들을 반겨 맞아준다.

  봄이 잠시 머문 자리에 어느 순간 따사로운 햇빛이 뜨거운 햇빛으로 돌변한다. 젊음의 계절답게 여름을 여름답게 보내는 방법을 연꽃이 그 답을 풀어놓고 있다. 풍요로운 가을걷이가 끝나면 단풍은 고유의 색깔로 형형색색 물들여 가을잔치를 베풀어 준다. 북쪽 하늘에서 두루미, 고니, 독수리 등 진귀한 손님들이 찾아오면 어느덧 한 해가 저물어 가는 노을이 붉게 물들인다.

  1년이란 시간은 매우 긴 것 같지만 돌아서면 매우 짧게 느껴진다. 어느 순간 세월의 무게를 느끼면 화살처럼 빠르게 시간이 지나가는 것을 알게 된다. 물처럼 흘러가는 시간은 다시 돌아오지 않는다. 다시 돌아오지 않는 시간을 어떻게 활용하는 것이 좋은가?

  하루 24시간은 누구나 똑같이 활용하게 주어져 있다. 24시간을 어떻게 나누어 쓰느냐에 따라 삶의 질은 달라진다. 하루하루를 충실히 생활하는 사람은 시간이 부족하다고 하소연한다. 반면에 무의미하게 생활하는 사람은 하루가 지루하고 따분하게 여겨진다. 한 번 흘러가면 다시 돌아오지 않는 소중한 시간을 낭비하고 있는 것이다. 자신의 삶을 충실하게 살면 죽음의 두려움도 사라지게 된다. 후회 없는 삶을 살기 위해서 시간의 소중함을 알고 지혜롭게 살아가는 법을 터득하여야 한다.

무의미한 시간을 보내고 있는 것은 아닌가? 라고 자신에게 질문을 던져라. 이 순간을 소중히 여기면 삶의 질이 달라진다. 이 순간을 헛되이 보내지 말라. 이런 순간들이 쌓여 한 생애를 이룬다. 지혜의 샘을 쓰면 쓸수록 지혜의 힘을 발휘한다. 날마다 새롭게 신선함을 느껴야 사는 일이 즐겁게 된다.

물끄러미 쳐다보는 벽시계의 똑.딱 소리를 들으며.

배려하는 마음을 가져라

인간성 단절을 기계화 시대처럼
차고 냉정한 수직관계를 의미하지만
인간성 회복은 따뜻하고 사람다운 삶을
느낄 수 있는 수평관계를 의미한다.
인간성 회복의 거름이 되고
영적으로 성숙한 삶이 되는 것이
배려인 것이다.
한 잔의 차에서
팽주는 다른 사람에게 먼저 차를 따라주고
마지막에 자신의 찻잔에 차를 따른다.
차 문화에서
따뜻한 배려의 숨결이 녹아 있는
배려하는 마음을 가져라.

배려하는 마음을 가져라

과학 문화가 발달하여 어릴 때부터 함께 어울리며 놀 수 있는 놀이문화가 사라지고 있다. 놀이문화를 통해 어릴 때부터 원만한 인간관계로 발달 되는 것이다. 원만한 인간관계는 상대방을 배려하는 것으로 비롯 된다. 지금은 스마트 폰으로 자신만의 세계를 형성하게 되어 원만한 인간관계가 단절되어 가는 시대가 되었다. 인간관계의 단절은 자신의 부모와 가까운 지인들과 다른 사람들을 배려하고 행동하는 것을 점차 멀어지게 만들어 가고 있다.

개는 집을 지키고 가까운 주인에게 재롱을 보여 주며 주인에게서 보호를 받는다. 개는 걸어 다니고 뛰어다니는 동물이다. 그런데 걸어 다니고 뛰어다니는 것이 아니라 사람의 품에 안겨 다니거나 유모차에 타고 길거리를 배회한다. 가까운 부모님이나 지인들을 배려하고 보살펴 주는 것보다 개에게 많이 애중을 표시하며 보살펴 주는 것이다. 개를 '반려견'이라 호칭하며 개가 조금만 아파도 바로 병원에 데려간다. 또한 개의 먹이도 고급화된 것을 먹여준다. '개 팔자가 상팔자'라는 말이 틀린 속담이 아닌 것 같다. 개를 그렇게 아끼고 보살펴 주는 만큼 부모님이나 가까운 지인들을 생각하고 배려해 주고 있는지 묻고 싶다. 인간성 단절의 한 면을 보는 것 같아 매우 씁쓸하다.

  상대방을 위한 배려는 인간성 회복을 위한 것이다. 인간성 회복이 밝은 사회를 만들어 가는 매우 중요한 역할을 한다. 인간성 단절은 차고 냉정한 수직관계를 의미한다. 인간성 회복은 따뜻하고 사람다운 삶을 느낄 수 있는 수평적인 관계를 의미한다. 인간성 단절은 사소한 것으로 서로 싸우고 개보다 못한 대접을 받으면서 살아가게 된다. 인간 이하의 개를 시봉侍奉 하면서 인간성 단절의 삶을 사는 것보다 상대방을 위한 배려로 인간다운 삶을 사는 세상이 더 멋진 것이 아닌가!

  취미생활로 여러 사람이 모여서 서로를 배려하는 인간성 회복에 앞장서야 한다. 배려는 서로 간에 지켜야 인간적이며 도덕적인 규범이 만들어지게 된다. 그로 인하여 서로에게 예의를 지켜지는 밝은 인간적인 사회가 될 것이다. 신선한 놀이문화를 만들어 서로 배려하는 세상이 되어야 한다.

  자신의 한계를 극복하지 못하고 나약한 삶을 살아가는 사람을 위해 '나와 함께 같이' 어깨에 힘을 실어주고 어려운 일을 함께하여, 스스로 힘든 일을 헤쳐 나갈 수 있게 도와주는 것이 진정한 배려가 될 것이다. 배려는 영적으로 성숙할 수 있는 큰 사람으로 거듭 태어나게 하는 매우 중요한 역할을 하는 것이다.

팽주는 다른 사람에게 먼저 차를 따라주면서 마지막에 자신의 찻잔에 차를 따른다. 한 잔의 차를 마시면서 남을 먼저 배려하는 차 문화에서 서로를 배려하는 마음을 가지는 습관으로 삼아야 할 것이다.

2부

도움

살아가는 데는 어려움과 즐거움이
항상 같이 존재하고 있다.
어려움이 많으면 즐거움이 줄어들고
즐거움이 많으면 어려움이 줄어들게 된다.
모든 일이 순조롭게 이루어질 수는 없으므로
어려운 일이 생기게 마련이다.
어려움이 있다고 달아나서는 안 되며
안으로 살피고 그것을 삶의 과정으로 여겨
그 어려움을 통해 딛고 일어서야 한다.
자신도 어려움을 겪을 때 여러 사람의 도움을 받아서
그 도움으로 어려움을 딛고 일어서게 된다.
남들에게 도움을 주어
스스로 어려움을 딛고 일어서게 하여야 한다.
인간적인 삶으로 밝은 사회를 만드는
마땅히 해야 할 의무이자 권리이다.
어려운 일을 서로 도움을 주면
즐거움이 많아지고 어려움이 줄어든다.

도움

 인간은 홀로 움직이고 활동하지만 서로 인간관계가 형성되어 삶을 살아간다. 세월의 무게만큼 살아온 삶에서 수많은 어려움을 겪는다. 뜻하지 않는 과정이 형성되어 물질적으로나 자신의 능력 부족으로 위기의 순간을 맞게 된다. 물질적인 욕심에 앞서 이기적으로 살아온 사람은 어려울 때 쉽게 남에게 도움을 받지 못한다. 평소 남들이 어려움을 겪고 있을 때 조그만 도움을 준 사람은 자신이 어려울 때 남들로부터 쉽게 도움을 받게 된다. 세월의 무게만큼 살아온 삶에서 힘든 위기가 찾아왔을 때 남늘에게 조그만 도움을 받지 못한다면 자신이 살아온 삶은 잘못된 것이다. 가깝게 지내는 사람들의 도움이 없다면 불행한 삶으로 살아가게 된다.
 어떤 사람이 열심히 노력하는 모습에 물질적으로나 기술적인 면에서 도움을 주면 도움을 받은 사람은 그 가치를 발휘한다. 그러나 '밑 빠진 독에 물을 붓는다' 는 속담이 있다. 노력도 하지 않고 힘들다고 자포자기한 사람한테 도움을 주면 도움의 효과는 오히려 더 게으르게 만든다. 열심히 노력하는 과정에서 물질적으로나 기술적으로 절실한 도움을 느꼈을 때, 가뭄에 단비를 맞듯이 도움을 얻으면 자신의 능력을 제대로 발휘하게 된다. 도움의 가치를 알기에 다른 사람이 자신의 위치와 같은 경우를 만나면 적극적으로 도움을 줄 것이다. 자신도 직접 절실한 도움을 받았으므로 보답을 하게 되는 것이다.

요즘 복지정치를 보면 '복지'라는 것을 너무 남발하는 것 같다. 게으르고 스스로 힘든 것을 포기 한 사람한테 단지 불쌍하다고 '복지'를 함부로 베풀면 힘든 세상을 헤쳐 나갈 힘을 잃게 하고, 게으른 삶을 살아가는 방편으로 살아가는 사람들이 많아질 것이다. 어린 자녀들의 능력을 키워주기 위해서 자녀들이 좋아하는 선물을 준비한다. 자녀들에게 과제를 주어 해결하면 좋아하는 선물을 주는 것이다. 자녀들은 좋아하는 선물을 받기 위해 힘든 줄도 모르고 열심히 노력하여 자신의 능력을 키워가는 것이다.

복지정치는 도움을 주는 것은 좋으나 도움의 가치를 알게 하고 그 도움의 값을 하게 끔 하는 것이 중요하다. 도움을 올바르게 활용하여야 노숙자 같은 사람들이 줄어들게 되고, 노숙자들도 무엇인가 할 수 있다는 자부심을 심어 주어야 한다. 무조건 복지라는 도움을 베푼다고 좋은 세상이 오는 것은 아니다. 오히려 더 불행한 세상으로 변할 수도 있다는 것을 알아야 한다.

정권을 차지하기 위하여 복지정치를 남발하면 국가부도의 위기를 초래할 수 있다. 국가부도가 나면 나라가 불행해지고 국민들의 삶이 불행하게 된다. IMF를 겪지 않았는가. K-팝 노래가 성숙한 독창적인 우리 문화로 자리 잡아 세계를 이끌고 있다. 복지정치도 독창적인 우리의 것으로 만들어 세계적으로 모범이 되면 좋지 않을까.

인간관계는 서로 도움이 필요하다. 도움의 그 활용도를 알아야 하고 도움의 가치를 알아야 한다. 서로 노력하는 가운데 삶의 활력소가 되는 도움이 필요한 것이다. 도움의 활용에 대하여 다시 한번 생각하는 기회가 되었으면 한다.

나무처럼

따사로운 봄이 살며시 다가오면
나무는 화사롭게 꽃을 피워
새로운 시작을 알리는 기지개를 펴고
벌과 나비들을 불러들여
과일과 열매를 수정시킨다.
뜨거운 햇빛에 당당하게 맞서며
시원한 그늘을 만들어
몸과 마음이 지친 사람들에게
쉬어가게 하면서
아무런 대가도 바라지 않는
나무처럼
화창한 가을이 물들면
화려한 옷으로 갈아입고
온 산은 가을잔치를 펼친다.
가뭄과 태풍을 견뎌오면서 성장시킨
과일과 열매를 아낌없이 내어주는
나무처럼
매서운 폭풍 한파가 몰아치면
미련 없이 훌훌 벗어 버리고

자신의 내면을 살피고 살펴
안으로 충만해지는
나무처럼

나무처럼

  헤아릴 수 없이 수많은 종류의 나무가 자연에서 자라고 있다. 나무는 인간들의 삶에 있어서 많은 것을 말없이 가르쳐 주고 있다. 매화나무, 복숭아나무, 감나무, 사과나무, 배나무 등 수많은 과일나무는 향기를 뿜어내는 꽃을 피워 벌과 나비를 불러들여 과일을 수정시킨다. 수정된 과일은 가뭄과 태풍으로 인한 강한 비바람 등 힘든 자연의 역경을 견디며 많은 과일을 성장시킨다.

  달콤한 과일은 인간들이 매우 좋아한다. 그러므로 사람은 더 맛있고 좋은 과일들을 얻기 위하여 나무에 거름을 주고 병충해에 걸리지 않도록 수시로 관리를 한다. 나무에서 열리는 과일은 벌과 나비의 왕성한 활동으로 맺어지는 것이다. 그러나 인간은 벌과 나비 등 소중한 존재를 하찮게 여긴다.

우리나라의 토종벌이 점점 사라져 가고 있다. 심각한 환경변화를 생각해 보게 한다.

과일나무는 달콤하고 맛있는 과일을 제공함으로 인해 사람은 더 많은 과일나무를 심고 수시로 관리를 한다. 자신만을 위한 이기적인 삶이 아닌 가치 있고 보람 있는 삶을 사는 사람은 남들에게 도움을 주는 삶이 된다. 그러므로 과일나무처럼 존경하며 많은 것을 배우려 한다. 또한 이기적인 삶으로부터 벗어나 가치 있고 보람 있는 인간적인 삶을 살아가게끔 행동을 바꾸게 한다.

자신이 갖고 있는 뛰어난 능력을 남들에게 베풀면 남들은 자신에게 뜻하지 않는 보답을 받게 된다. 남들이 쉽게 할 수 없는 일을 할 수 있는 힘을 발휘하게 된다. 자신의 뛰어난 능력을 남들에게 베푼다고 자신의 능력이 없어지는 것은 아니다. 다랑이 논처럼 아래로 아래로 흘려내려 많은 곡식을 재배할 수 있다. 자신의 마음을 열고 자신의 뛰어난 능력을 남들에게 베풀면 마음이 통하는 열 명이 모이면, 10이 아니라 100 이상을 만들 수 있는 능력을 발휘하게 된다.

나무처럼 아낌없이 베풀면 텅 비울수록 오히려 채워지는 오묘한 원리를 체험하게 된다. 보람 있고 가치 있는 삶은 텅 비울수록 맑은 영혼의 메아리가 울리는 것을 경험할 것이나. 자신의 뛰어난 능력을 다랑이 논처럼 베풀면 이기적이고 인간성이 단절된 비정한 세상을 밝은 세상으로 이끄는 등불과 같은 존재가 될 수 있다.

나무는 아낌없이 많은 것을 베풀어 준다. 나무마다 고유의 예쁜 꽃을 피워 강과 더불어 산을 한 폭의 수채화로 물들인다. 겨우내 움츠렸던 몸과 마음을 움직이게 하여 새로운 시작을 왕성하게 하게 만든다. 벚나무는 열매를 새의 먹이가 되게 하여 새가 먼 곳으로 날아가 배설물에 섞여 하나의 씨가 새로운 벚나무로 태어나게 한다. 벚나무의 지혜를 발견하게 된다.

북풍 한파가 몰아치는 겨울에 나무들은 미련 없이 잎을 떨구고 자신의 내면세계로 들어가 자신을 강하게 단련시킨다. 그러나 소나무는 내면세계의 활동과 더불어 매서운 추위에 맞서며 당당하게 서 있다. 두꺼운 갑옷으로 몸을 감싸며 푸른 잎을 치켜세우며 그 어떤 어려움도 이겨낼 수 있다는 것을 보여 주고 있다.

어느 순간 찾아오는 위기에 대비하여 철저하게 준비하고 몸과 마음을 단련하여 행동으로 해결할 수 있는 큰 인물로 성장하라고 소나무는 가르쳐 주고 있다. 오랜 세월의 무게만큼 당당한 소나무가 큰 울림으로 전해주는 소리 없는 소리를 알아듣고 큰 깨달음을 얻어야 한다.

나는 누구인가?

자신의 한계에 부딪히면
많은 생각과 힘든 노력으로
자신의 한계를 극복하게 된다.
다양한 경험을 겪으면서
자신의 숨겨진 뛰어난 능력을 발견하게 된다.
'나는 누구인가'라고 자신에게 물으면
자신을 알게 되고 자신의 뛰어난 능력을 발휘하게 된다.
인간적인 삶과 극락세계의 즐거운 삶을 살고 싶다면
'나는 누구인가?'라고
자신에게 묻고 또 묻기를 되풀이하여야 한다.
자신을 알면 자신의 소중한 가치를 알게 되며
자신이 해야 할 일을 알게 된다.

나는 누구인가?

 사람은 어머니 배 속에서 태어나는 순간부터 고통에서 삶은 시작된다. 어린아이는 거짓말을 하지 않으므로 행복하게 태어났으면 방긋방긋 웃으면서 태어나게 되는데, 얼마나 힘들게 태어났으면 곧장 울어버린다. 세월의 무게만큼 나이가 들어 병들고 늙어서 고통을 삭히면서 죽음을 맞이한다. 이처럼 태어나는 순간부터 죽음에 이르기까지 힘든 삶의 과정으로 이어진다. 어리석은 삶은 정신적 열등감에 사로잡혀서 마음의 여유가 없어 힘들고 고통스러운 불행한 삶을 살아가게 된다. 그러므로 어리석은 삶을 벗어나게 살고 싶으면 어떻게 하여야 하겠는가?
 단, 10분이라도 벽을 마주하고 허리를 꼿꼿이 세우고 앉아 '나는 누구인가?'를 생각하고 명상에 빠져들어 보아야 한다. '나는 누구인가?'라고 자신에 물으면, 자신이 하고 있는 일을 통해 어느 순간 자신을 알게 되고 자신의 뛰어난 능력을 발견하게 된다. 삶은 살아가는 동안 하루하루가 이어져 끊임없이 흘러간다. 하루하루가 소중하기 때문에 '대충'이라는 단어가 끼어들 틈을 주어서는 안 된다. 이 순간이 매우 중요하다는 것을 알아야 한다. 관심을 가지고 마음을 집중하여 열심히 노력하는 이 순간 자신의 삶을 바꾸는 사건이 발생할 수 있다. 그 순간 가치 있고 보람 있는 삶을 살아가는 계기가 되는 것이다.

자신이 하고 있는 일이 힘들다고 쉽게 포기하면 안 된다. 힘든 일을 하면서 자신의 한계를 극복하여야 크게 발전할 수 있는 발판이 된다. 힘든 과정을 많이 겪을수록 자신 속에 숨겨진 자신의 뛰어난 능력을 발휘하게 된다. 일에 대한 자신감을 가지게 되면 자신이 할 수 있는 일을 찾게 된다.

'나는 누구인가?'를 자신에게 묻고 또 묻기를 되풀이하여 그 깊은 뜻을 이해하게 되면, 이미 자신은 또 다른 자신으로 변해져 있게 된다. 삶은 힘든 여정의 과정이지만 자신이 어떻게 노력하고 많은 경험을 하는 것을 지혜롭게 발전시키면 삶의 가치가 달라진다. 삶을 대충대충 살려고 하지 말고, 정신을 집중하여 열심히 노력하면 가치 있고 보람 있으면서 여유 있는 삶을 살아가게 된다.

마음의 여유가 있으면 바라보는 눈의 높이가 달라지고 듣는 귀가 더 크게 열리면서 자신이 추구하는 일에 자신감을 갖게 된다. 자신만의 뛰어난 능력을 발휘하여 수많은 사람에게 도움이 된다면 어찌 행복이 만들어지지 않겠는가!

  '나는 누구인가?'를 끊임없이 자신에게 물으면 자신의 존재 가치를 알게 된다. 자신이 소중한 존재를 알게 되면 정신적으로 성숙하게 되어 대충대충 삶을 살아가지 않는다. 자신의 본질을 알면 내면적으로 성숙하게 하여 충만한 삶을 살게 된다. '나는 누구인가?'를 자신에게 묻고 또 물어라. 자신이 해야 할 일을 알게 된다.

일터가 수행처이다

일터는 매우 중요한 수행처이다
일을 하기 전에
오늘도 즐겁게 남들보다 먼저 손과 발을 움직이며
긍정적인 자세로 일하도록 마음가짐을 한다.
일의 어려움을 겪으면
일이 어려운 이유가 있다는 것을 생각한다.
어려움의 이치를 안으로 살펴
부족한 면을 채우고 또 채워서
일이 어려움의 가치를 새삼 깨닫게 된다.
자신의 창의력과 의지력을 키워
자신의 뛰어난 능력을 발휘하는 것이다.
안으로 살피고 또 살펴 충만해지면
삶을 바로 살 줄 아는
지혜로운 사람이 되게 하는 곳이
일터이며 곧 수행처인 것이다.

일터가 수행처이다

생활의 대부분을 일터에서 보낸다. 자신이 근무하는 곳은 달라도 일터의 분위기는 비슷하다. 일을 하면서 원만한 인간관계가 이루어지지 않으면 스트레스에 싸여 일이 힘들어진다. 일이 잘못으로 진행되면 남을 탓하기보다는 자신의 능력이 부족하거나 마음공부가 부족하여 원만한 인간관계를 형성하지 못한 자신의 탓으로 여겨야 한다. 원만한 인간관계를 형성하려면 남들보다 먼저 손과 발을 움직여 적극적인 자세로 열심히 노력하는 것이다. 이러한 노력이 자신의 근기를 키우는 계기가 되는 매우 중요한 역할을 한다.

자신의 한계를 넘는 일에 부딪히면, 주위에 경험이 많은 분에게 배우면서 보고 느끼며 열심히 노력하여 자신의 것으로 만들어야 한다. 그저 얻어지는 것은 없다. 그러므로 남들

모르게 부족한 면을 채우고 또 채우는 눈물 나는 노력을 해야 한다. 그러한 노력이 시간이 지날수록 자신의 능력으로 발전하게 된다. 남들보다 먼저 움직이고 일이 어떻게 진행될 것인가를 파악하여 미리 준비를 해둔다. 차츰 일에 대해 자신감을 가지게 되면 적극적으로 움직이게 된다. 적극적으로 움직이면 자신의 능력을 점검하는 계기가 된다. 자신의 부족한 면을 발견하게 되고 더욱 노력하는 자세로 임하게 되는 것이다. 그러한 과정을 겪고 나면 힘들게 여겼던 일이 얼굴에 미소를 지으며 쉽게 처리하게 된다.

마음공부가 부족한 사람은 사소한 일에도 짜증을 내거나 남의 능력이 부족하게 되면 상대방을 무시하려고 한다. 인간관계가 원만하게 이루어지지 않아 시간이 흐를수록 자신에게 불리한 상황으로 몰리게 된다. 인간관계가 원만하지 못하면 일에서 심한 스트레스가 쌓이게 된다. 일의 능력은 시간이 지날수록 발전하게 되지만 자신의 성격은 시간이 지난다고 쉽게 변화되는 것은 아니다.

벽을 마주보고 앉아 명상을 하여 마음공부를 하여야 한다. 중요한 일터에서 즐겁게 생활하려면 자신의 성격을 변화시키는 것은 매우 중요하다. 명상에서 얻은 자신의 잘못된 성격을 일터에서 행농으로 실전하여야 한다. 사소한 일에 싸증을 내거나 상대방을 무시한 행동을 한 것에 대해 행동으로 실천하여 개선하도록 노력하여야 한다. 명상은 행동으로 실천하였을 때 그 가치를 인정받는다. 그러한 노력으로 인간관계가 원만해지면 일터에서 소중한 사람으로 인정받게 된다. 자신이 소중한 사람으로 인정받으면 이미 일터는 즐거운 곳으로 변해져 있다.

  일터는 단순히 먹고사는 것을 해결하는 것만 아니다. 내면의 자신을 발견하고 자신을 노력하게끔 만들어 준다. 어려운 일을 힘들게 극복한 사람은 남들이 어렵게 여기는 일을 쉽게 할 수 있다. 일터에서 내면의 자신을 만나면 잠자고 있는 뛰어난 자신을 깨우는 소중한 수행처가 되는 것이다. 백장스님은 '하루 일하지 않으면 하루 먹지 않는다一日不作一日不食'을 하게 하여 일터에서 소중한 수행처가 되게 하였다.

과유불급過猶不及

부족하면 채우면서 긍정적인 생각을 가져
간절한 마음으로 일을 하며
생기와 탄력적으로 생활을 함으로 인해
작은 것과 적은 것에 대한 고마움을 가지며
삶에서 건강함과 즐거움을 맛보게 된다.
넘침으로 인해 자제와 절제가 없으면
가득 차 있어도 반드시 고갈되고
물질적으로 달콤한 유혹에 넘어가
브레이크 없는 가속력으로 불행의 늪으로 달려가게 된다.
똑같은 조건이 되면
한쪽에서는 삶의 희망과 즐거움으로 받아들이고
다른 한쪽에서는 근심과 걱정으로 지옥의 맛을 본다.
행복과 불행은 밖에서 주어진 것이 아니라
자신이 스스로 만들고 찾는 것이다.

과유불급過猶不及

　맛있는 음식은 부족한 만큼 적게 먹으면 활동하는데 편리하다. 맛있는 음식을 너무 많이 먹으면 몸에 부작용이 생긴다. 과욕이 지나칠수록 난치병들이 서서히 찾아오기 시작한다. 결국 자제와 절제를 하지 않으면 스스로 몸을 병들게 만든다. 음식문화가 일상생활의 삶에서 그대로 과유불급의 이치가 적용되고 있다.
　불행은 모자람이 아니라 오히려 넘침에 있다는 것을 이해하여야 한다. 자신이 간절한 마음으로 일을 하면 힘들지만 자신이 부족한 것을 채우고 또 채우면서 노력한다. 다양한 경험으로 쌓여온 것들이 자신이 할 수 있는 능력으로 발전하게 되는 것이다. 자신의 한계에 부딪히면 물러서지 않고 적극적으로 노력한 만큼 안으로 자신감으로 충만하게 된다.

오히려 물질적으로 넘침으로 인해 간절한 마음이 없으면 자신이 해야 할 일을 힘들다는 이유로 포기하기 마련이다. 자신의 한계를 극복할 수 있는 힘을 스스로 잃게 만든다. 자제와 절제가 없으면 물질적으로 달콤한 유혹에 넘어가 브레이크 없는 가속력으로 불행의 늪으로 달려가게 된다.
　내가 수행을 하고 있는 이곳은 바위산이라 비가 오면 땅으로 스며들지 못하고 그냥 흘러 내려간다. 많은 비가 내리면 계곡에서 흐르는 흙탕물이 가라앉은 다음 큰 물통에 물을 받아 놓고 그 물을 사용하고 있다. 물이 귀한 만큼 소중하게 아껴서 생활함으로써 생명수인 물의 고마움을 느끼고 살아간다.
　수행자의 공부는 부족한 것에 대해 불만을 가지는 것이 아니라 불편함에서 즐거움으로 변화시키는 지혜의 힘을 발휘하게 하는 것이다. 물질이 풍부하면 소중하고 고마운 마음이 사라지게 마련이다. 자제와 절제의 생활을 하지 않으면 어느 순간 찾아오는 위기의 순간에 큰 어려움을 겪게 된다.
　여름은 폭염이 오래 지속되어 토굴 주위에 있는 배나무 등 과일과 열매를 맺지 못하여 나무만 덩그러니 서 있다. 다행히 밤나무에서 작지만 토종밤이 맺혀 땅에 떨어져 있다. 작년까시만 해도 멧돼지기 밤을 떠고 난 뒤 조금 주어서 몇 알을 깍아서 밥에 넣어 먹었다. 올해는 아프리카 돼지 열병으로 인해 멧돼지가 많이 사라져 밤을 넉넉하게 먹을 수 있다. 앞서 누군가 심어 놓은 밤나무 덕분에 소소한 행복을 맛본다. 다른 누군가를 위해 과일나무를 심어 주어야 할 것 같다.

  토굴에서 생활하면서 전기도 없지만 필요한 것을 직접 만들고 꾸미면서 지혜의 힘을 발휘한다. 생각을 바꾸면 행동이 달라진다. 불편한 것을 고치고 만들면 마음의 즐거움으로 탄생한다. 필요한 것을 만들다 보면 많은 생각을 하게 된다. 지혜롭게 행동하여야 모든것이 자리가 잡힌 듯 하나하나 모양을 잡는다.

  부족한 것을 채우면서 긍정적인 생각을 가져야 자신을 발전시킬 수 있는 것이다. 부족함으로 인해 긍정적인 생각을 가지면 생기와 탄력을 가져 집중을하여 스스로 채워나간다. 부족함으로 인해 고마움과 소중함을 느낄 수 있는 것이다. 생기와 탄력적으로 생활함으로 인해 삶에서 즐거움을 느끼게 된다. 과유불급은 부족한 것으로 인해 삶에서 건강함과 즐거움을 맛보게 한다.

깨어 있는 사람

깨어 있는 사람은
정체된 삶인 안일과 방종의 늪에서 벗어나
늘 새로운 변화를 추구한다.
새로운 변화는 생기 있고 활기찬 삶을 살아가게 한다.
깨어 있는 사람은
채워도 채워도 끝이 없는 물질의 욕망에서 벗어나
불필요한 것을 버리고 또 버리어
맑은 정신으로 자유롭게 살아간다.
간소하게 간소하게 단순한 삶에서
정신적인 무게가 느껴지며
정신적으로 투명하게 맑아져
안으로 충만하게 만든다.
깨어 있는 사람은
넓이의 끝을 알 수 없고 깊이의 끝을 알 수 없는 정신세계에서
 자신의 근기를 키워 강하게 만들며
 모난 돌을 다듬고 다듬어 매끄러운 돌을 만들 듯이
 자신을 부드럽고 부드럽게 만든다.
 깨어 있는 사람은

자신이 해야 할 일을 하며
다양한 경험을 한 것을 토대로
지혜의 힘을 발휘하여
자신답게 삶을 가꾸어 간다.

깨어 있는 사람

 깨어 있는 사람은 적은 것과 소소한 것에 대해 만족할 줄을 안다. 적은 것과 소소한 것에 만족할 줄을 알면 마음의 행복을 만끽하게 된다. 불편한 것을 즐거움으로 변화시킬 수 있는 지혜의 힘을 발휘하게 되는 것이다. 자신이 해야 할 일을 남에게 미루지 않는다. 자신이 해야 할 일을 하면서 즐거움을 만들 수 있다. 남에게 미루어 남이 원하지 않는 일을 한다면 즐거움 대신 원망의 괴로움을 잉태시키게 된다. 사소한 원망의 대상이 되며 점점 괴로움이 쌓이면 나쁜 업으로 다가오게 되는 것이다.

 깨어 있는 사람은 오늘 할 일을 내일로 미루지 않는다. 오늘 할 일을 내일 하면 돼지 하고 미루면 자신은 점점 게으른 사람으로 전락하게 된다. 게으른 사람은 웅덩이에 갇혀 있는 물처럼 점점 썩어가게 된다. 행동으로 실천하지 않고 몸을 편하게 하여 영혼이 메말라 가게 된다. 깨어 있는 사람은 게으른 삶을 거부하고 자신이 해야 할 일을 다음으로 미루지 않고, 행동으로 실천하여 영혼을 살찌우게 한다.

일반사람은 자신의 몸을 기준으로 마음을 맞춘다. 몸을 힘들게 일을 하지 않고 몸에 부드럽고 좋은 것을 먹으며 몸에 좋은 옷을 입는다. 마음보다 몸을 더 생각하고 아끼게 된다. 깨어 있는 사람은 마음이 움직이는 대로 몸이 따라서 움직이게 생활을 한다. 언행일치가 되도록 행동으로 실천하여 남들이 쉽게 할 수 없는 일을 할 수 있도로 노력한다. 마음의 여유를 가지면서 정신적인 무게에 의미를 둔다. 또한 정신적으로 투명하여 남들과 함께 밝은 사회를 만들어 간다.

깨어 있는 사람은 채우고 또 채워도 끝이 없는 물질의 욕망에서 벗어나 만족할 줄 아는 삶을 살아간다. 삶의 가치에 무게를 두어 삶의 질을 더욱 성숙시킨다. 삶의 질이 더욱 성숙해질수록 버리고 또 버릴수록 오히려 채워지는 오묘한 도리를 체험하게 된다. 근심 걱정이 사라지고 마음이 편안하며 남을 위한 일을 하게 된다.

깨어 있는 사람은 안일과 타성의 늪에 빠지는 것을 방지하기 위해 늘 새로운 것에 도전을 한다. 자신만이 내 삶을 만들어 가는 것이다. 그 누구도 내 삶을 만들어 주지 않는다. 묵은 것을 털어버리지 않으면 새로운 것을 받아들일 수 없다. 새로운 것에 도전을 하여 삶의 탄력을 불어 넣어려 한다.

깨어 있는 사람은 넓이의 끝을 알 수 없고 깊이의 끝을 알 수 없는 정신세계에서 자신의 근기를 키워 강하게 만든다. 모난 돌을 다듬고 다듬어 매끄러운 돌로 만들어지듯 자신을 한없이 부드럽고 부드럽게 만든다. 때로는 성난 파도를 치듯 어리석은 사람을 위해 큰소리로 사자후(師子吼)를 포효한다.

깨어 있는 사람은 다양한 경험을 하여 지혜의 힘을 발휘한다. 명상에서 얻은 것을 행동으로 실천하고 경험하여 메마른 지혜가 아닌 자신만의 독특한 지혜의 꽃을 피운다. 깨어 있음으로 늘 마음의 여유가 있으면서 괴로움이 없는 행복 속에서 살아간다.

처음처럼

수행자가 한곳에 오래 머물면
안일과 타성에 젖어
근본적인 수행을 게을리하게 된다.
새로운 자리를 찾아 옮겨
처음처럼
늘
깨어있는 의식을 가져
묵은 것을 털어버리고
새로운 자신만의 삶을 살아야 한다.
초심初心은
생기있고 활기찬 모습으로 생활하게 하는
수행의 근본적인 힘이다.

처음처럼

　처음 시작하는 일은 마음을 가다듬고 나름대로 어떻게 해야 하겠다는 준비하는 자세를 갖춘다. 적극적으로 움직이고 힘든 일도 힘들다고 느끼지 않을 정도로 열심히 노력을 한다. 초심初心은 자신의 한계를 극복하는 의지를 키워준다. 자신의 정신적 의지를 키워 현실의 어려운 환경을 극복할 수 있는 힘이 나오게 하여 모든 장애를 극복할 수 있는 자신감을 갖도록 한다.
　점차 안정된 생활을 하게 되면 어느 순간 안일과 타성의 늪에 빠져들어 가게 만든다. 안일과 타성의 늪에 빠져들게 되면 몸을 아끼게 되고 몸을 아끼면 수행의 길에서 멀어져 가는 것이다. 몸을 편하게 하면 모든 생활 자체가 게으름으로 물들어 가게 된다. 지금 이 순간이 중요하다고 말을 하면서 자신은 안일과 타성의 늪에서 허우적되고 있는 것이다.

　수행자가 두려워해야 할 것에서 하나가 안일과 타성에 빠져드는 것이다. 마음이 몸을 이끌어야 하는데 오히려 몸이 마음을 이끌게 되고 수행와 정반대의 길로 가게 만든다. 고여있는 물은 썩기 마련이다. 그 이치를 누구보다 잘 알고 있는 수행자가 안일과 타성의 늪에 빠져 있다면 마음과 몸은 이미 수행에서 멀어져 있다. 초심을 가다듬고 다시 수행을 하려고 하지만 몸은 이미 따라주지 않는다.

　수행자는 늘 벽을 보고 마주 앉아 명상의 시간을 가져야 한다. 명상을 하면 자신의 허물을 보게 된다. 오늘 할 일을 내일로 미루면 안 된다. 사소한 일이라도 미루는 버릇이 생기면 점차 게으른 삶으로 전락하게 된다. 남에게 지시하여 일이 되게끔 하는 것이 아니라 자신이 할 수 있는 일을 남에게 미루면 안 된다.

　수행자는 몸과 마음이 편안하게 되면 안일과 타성의 늪에 빠져 있는가를 점검하여야 한다. 그래서 수행자는 한곳에 머물러 있지 않고 초심을 가지고 새로운 곳에서 수행을 하는 것이다. 자신만이 자신의 삶을 만들어 가는 것이지 그 누구도 자신의 삶을 만들어 주지 않는다. 묵은 것을 버리지 않고는 새것을 받아들일 수 없다. 늘 깨어있는 의식을 가지고 자신의 삶을 충만하게 하여야 한다.

　초심은 수행자에게 매우 중요한 것이다. 초심을 잃지 않아야 진정한 어디에도 걸림 없는 자유인으로 살아갈 수 있다.

안일과 타성의 늪에 빠져들게 되면 쉽게 다른 곳으로 떠날 수 없는 처지가 되는 것이다. 수행자는 다시 길을 떠나보라. 발길 닿는 대로 길을 떠나면 수행의 깊고 깊은 뜻을 알게 된다.

인연

마음의 밭에 씨앗을 뿌리면
씨앗에서 싹이 나고 잎이 펼쳐진다.
어떠한 마음가짐으로 가꾸느냐에 따라
악연이 자라나고
소중한 인연으로 자라나며
아주 특별한 인연으로 자라난다.
자신의 이기심과 지나친 욕심으로
남에게 크나큰 상처를 주면
악연으로 상처 물을 자신이 되돌려 받는다.
마음과 마음이 통할 수 있는 소중한 인연은
삶의 질은 탄력을 받게 되고
그 에너지는 활기가 넘쳐흐르며
함께 발전적인 방향으로 이끌어 준다.
어떤 마음가짐을 가지고 생활하느냐에 따라
악연이 찾아오고
소중한 인연이 찾아오며
아주 특별한 인연이 맺어진다.

인연

　인연은 사람과 사람 사이에서 미묘한 얽힘으로 이루어진다. 피하고 싶은 악연과 늘 함께하고 싶은 소중한 인연은 어떻게 이루어 지는가? 악연과 소중한 인연은 남이 만들어 주는 것이 아니라 자신이 만드는 것이다. 인연에는 크게 악연, 소중한 인연, 특별한 인연이 있다.

　남을 미워하는 것은 자신을 너무 아끼기 때문이다. 자기를 너무 아끼는 마음이 앞서므로 욕심이 앞서게 되어 남을 미워하고 시기심이 생겨 거만하여 남을 무시하게 된다. 그로 인해 남에게 크나큰 마음의 상처를 주기 때문에 악연이라는 상처 물을 되돌려 받게 되는 것이다.

　마음과 마음이 통할 수 있는 소중한 인연을 만날 마음의 준비가 되어 있지 않으면 만나기 어렵다. 자신의 안일한 행동에도 타협하지 않고 꾸준히 노력을 하여 그것이 쌓였을 때 시절 인연이 도래하면 소중한 인연의 만남은 서로 느낌으로 알 수 있다. 소중한 인연은 만남으로 인해 삶의 질은 탄력을 받게 되고 그 에너지는 활기가 넘쳐흐른다. 때론 삶의 방향이 바뀌기도 한다. 소중한 인연은 그냥 오는 것이 아니라 끊임없는 노력의 결과에서 찾아온다. 소중한 인연이 곁에 찾아와도 자신의 노력 부족으로 마음 준비가 되어 있지 않으면 그냥 스쳐 지나가는 인연뿐인 것을.

 소중한 인연은 자신이 어려울 때 큰 힘과 용기가 되어준다. 늘 함께 발전적인 방향으로 이끌어 준다. 힘든 일을 하면서도 여유로움을 가지게 되고 웃으면서 일을 하게 만들어 주는 소중한 벗이 되어준다. 자신이 먼저 남을 배려하고 자신이 힘들 때 경험한 것은 남에게 도움이 되게 하여 준다.

 자신의 주변에 소중한 인연이 많을수록 악연이 끼어들 틈이 없다. 악연이 많을수록 괴로움이 떠날 수 없게 된다. 소중한 인연이 많을수록 자신감과 즐거움이 떠날 수 없게 된다. 그러므로 자신이 어떠한 삶을 살아가야 하겠는가?

 수행자는 무소유의 삶을 살아감으로 인해 돈을 주고 땅을 사서 집을 마련할 형편이 안 된다. 수행을 통한 내공이 쌓이고 쌓이면 자신이 공부를 하고 싶은 곳에서 특별한 인연을 만나게 된다. 자신에게 공부할 땅을 제공하여 준다. 그곳에서 곡괭이와 삽을 들고 땅을 파고 축대를 쌓으면서 아담한 집을 만드는 것이다. 그렇게 열심히 수행하는 모습을 바라보는 특별한 인연은 환희심을 내게 되고 신심을 더욱 돈독히 하게 되어 즐거운 생활을 하게 된다.

　어리석게 살아온 자신의 삶을 특별한 인연은 행동으로 보여주고 스스로 몸소 부딪쳐 체험하게 만들어 준다. 삶의 가치를 알게 해 주며 자신이 소중한 존재인 것을 알게 하여 새로운 삶을 이루게 한다.

　수행자는 수행을 열심히 하면 무소유의 삶을 즐기게 된다. 어느 곳에도 걸림이 없는 진정한 자유인이 되며 무소유의 힘을 발휘하게 된다. 무소유의 힘은 남을 위한 극락세계를 펼치는 무한한 힘을 발휘한다. 수행자는 하나의 등불이 되어 이미 밝은 세상을 비추고 있다. 인연은 사람과 사람 사이에 미묘한 얽힘으로 이루어진다.

회심回心

남을 미워하고 시기하며 질투하는
부정적인 감정으로 삶을 살면
즐거움보다 괴로움으로 얼룩지게 되어
피해는 결국 자신에게 돌아온다.
회심, 곧 마음을 돌이킴으로써
남들이 힘들게 노력한 것을 인정하고
자신이 긍정적인 감정으로 바꾸어
겸손하고 겸손해지면
자신도 하면 된다는 마음이 생겨
적극적으로 노력하게 되어
새로운 활기를 불러일으킨다.
부정적인 감정으로 행동을 하여 이루어져
맺힌 감정을 풀어야 한다.
기회가 왔을 때 풀지 않으면
언제까지 지속될지 모른다.
미워하는 것이 많으면 즐거움이 줄어들고
좋아하는 것이 많으면 즐거움이 많아진다.
긍정적인 감정으로 적극적으로 노력하면
좋아하는 것이 많아져 즐거움이 많아진다.
마음을 돌이켜 보라!

회심回心

　남을 시기하고 부정적으로 생각하면 남을 대하는 행동도 부정적으로 표현을 하게 된다. 결국 그 피해는 자신에게로 돌아온다. 부정적인 생각이 앞서면 된다는 것보다 안 된다는 결론을 먼저 결정을 하게 된다. 하루하루를 그렇게 살아가면 일상적인 생활이 어두운색으로 얼룩지게 된다.
　회심은 마음을 돌이키는 일이다. 부정적으로 생각하고 행동하는 것을 마음을 돌이켜 긍정적으로 생각하고 행동을 바꾸면 생활하는 삶이 달라진다. 남을 시기하고 부정적으로 생각을 하는 것을 저 사람은 남들보다 힘들게 노력하여, '한계를 극복하여 남들이 쉽게 할 수 없는 일을 하는구나'라고 긍정적으로 생각을 한다. 또한 자신도 더욱 노력하여 '하면 된다'는 긍정적으로 생각을 하고 적극적으로 행동을 옮겨 실천하게 된다. 긍정적인 생각은 힘든 과정은 당연히 찾아오는 것이라고 받아들인다. 적극적인 행동은 새로운 활기를 불러 일으킨다. 자신의 삶을 심화시키는 매우 중요한 역할을 한다.

부정적으로 생각을 하고 행동을 하여 맺힌 것은 풀어야 한다. 기회가 왔을 때 풀지 않으면 언제까지 지속될지 모른다. 오랫동안 꼬여 있는 매듭은 쉽게 풀리지 않는다. 벽을 바라보고 허리를 꼿꼿이 세워 앉아 조용히 명상의 시간을 가져야 한다. 자신의 부정적인 생각과 행동으로 이어진 매듭을 어떻게 풀어야 할 것인가에 대해 명상을 해보라. 마음을 돌이켜 남들을 시기하는 부정적인 감정을 나도 할 수 있다는 긍정적인 감정으로 생각과 행동을 바꾸는 것이다.

긍정적인 감정으로 생각과 행동이 바뀌면 자신이 스스로 겸손해지게 된다. 겸손한 마음은 어리석은 생각과 행동에서 벗어나게 하여 사소한 일에도 화를 참지 못하는 감정을 다스리게 한다. 겸손은 남들과 쉽게 친해지며 그동안 자신이 몰랐던 것을 배우는 계기가 되는 것이다. 이런 경험을 받아들이게 되면 이미 자신은 변화된 것을 느낄 수 있다. 부정적인 감정에서 긍정적인 감정으로 바뀌면 몸과 마음이 즐거움으로 변한 것을 누구보다 자신이 먼저 알게 된다.

미워하는 것도 내 마음이고 좋아하는 것도 내 마음에 달려있다. 미워하는 것이 많으면 즐거움이 줄어들게 되고 좋아하는 것이 많으면 즐거움이 많아진다. 남을 시기하고 부정적인 감정으로 얻은 결과는 괴로움이 많아지는 것이고, 남이 힘든 노력으로 얻은 것을 인정하고 자신도 하면 된다는 긍정적인 감정으로 적극적으로 노력하면 자신감을 가지고 즐거움이 많아진다. 부정적인 감정으로 살아 온 자신의 삶이었다면 지금 이 순간 긍정적인 감정으로 마음을 돌이켜 삶의 변화를 시도해 보라.

기다리는 마음

전통차는 오랫동안 발효를 거쳐야
몸과 마음을 맑게 하는 감로수가 된다.
명상에서 사유한 것을 행동으로 실천하여
완전한 자신의 것으로 될 수 있도록
성숙하게 숙성시킬 수 있는
기다리는 마음을 가져야 한다.
우리는 그리움과 함께 기다려지는 사람이 되어야 한다.
오랫동안 명상을 하여 영혼을 맑게 해서
만나는 자체가 행복하고 즐겁게 사는 사람이 되어야 한다.
자신을 성숙하게 하는 기다림을
즐길 줄 아는 지혜를 열어야 한다.

기다리는 마음

　서서히 노란색, 빨간색으로 물들어 가는 가을을 바라보며 1년을 기다림의 끝에 결실을 맺는다. 가을이 선물하는 계절의 묘미가 빛이 난다.

　바쁠수록 돌아가라는 속담이 있다. 느림의 깊고 깊은 속뜻을 절묘하게 표현한 말이다. 빠름은 마음을 조급하게 하고 냉혹하면서 비정함을 표현하고 있다. 느림은 여유가 있으면서 인정이 있고 주변의 경관을 운치 있게 바라볼 수 있다. 느림은 또한 지혜로움을 절묘하게 표현한다. 자동차로 빠르게 지나가면 자연을 자세하게 바라볼 수 없다.

　명상을 할 수 있는 여건도 안되며 지혜를 발휘할 수가 없게 된다.

　느림은 여유를 가지면서 자연의 사물을 자세하게 바라볼

수 있으며 사유의 시간을 갖는다. 사유의 시간을 갖는 것은 사물의 대상을 통해 지혜를 발휘하게 만든다. 깨달음은 사물의 대상을 보고 명상을 하며 그것을 행동으로 실천하여 지혜를 발휘하게 되는 것이다. 지혜를 발휘하게 되면 남들보다 더 효율적이고 빠르게 일을 진행하게 만든다. 느낌의 깊은 뜻을 알면 지혜의 샘도 깊어 진다.

가을걷이가 끝나면 불어오는 찬 바람에 나뭇잎이 우수수 떨어져 거름이 된다. 낙엽은 차디찬 겨울의 눈보라를 맞으면서 오랜 시간을 보내며 땅을 숙성시킨다. 따사로운 봄볕을 반갑게 맞아들여 씨앗이 싹을 틔워 땅 위를 빠끔히 내비치면 나뭇가지에서 연둣빛 잎들이 저마다 고유의 색깔로 물들인다.

비바람이 몰아치는 장마와 태풍 등 모진 자연의 역경을 받아들이며 알알이 결실의 열매가 자란다. 무더운 뙤약볕을 피하기보다 덤덤하게 받아들이며 점점 눈에 드러나게 제모습을 비추어 준다. 아침저녁으로 불어오는 산들바람이 더위를 밀어내면 곧이어 코스모스가 피어올라 춤사위로 한껏 멋을 부린다. 1년 동안 기다려 온 결실의 계절인 가을이 화려하게 물들어 간다.

명상에서 깨달음을 얻으면 행동으로 실천하여 완전한 것으로 만들어야 한다. 사유에서 그치면 완전한 자신의 것이 되지 못한다. 완전한 자신의 것이 되기 위해서는 행동으로 실천하면서 자신을 성숙하게 숙성되도록 기다리는 마음이 중요하다. 전통차는 오랫동안 발효를 거쳐야 몸과 마음을 맑게 하는 감로수가 될 수 있듯이 자신을 성숙하게 숙성시켜야 한다.

우리는 그리움과 함께 기다려지는 사람이 되어야 한다. 조용히 앉아 오랫동안 명상을 하여 영혼을 맑게 하여 만나는 자체가 행복하고 즐겁게 하는 사람이 되어야 한다. 이에 자신을 성숙하게 하는 기다림을 즐길 줄 아는 지혜를 열어야 한다.

가을은 황금 들판으로 익어가는 곡식, 노랗게 물들어 가는 감, 빨갛게 부풀어 오른 사과, 빨강, 주황, 노랑, 초록으로 그려지는 단풍이 깊어 가는 계절이다. 가을, 기다림의 계절에 자신의 결실이 맺어지도록 마음의 깨달음을 얻는 삶의 지혜를 열어야 한다.

하나의 과일이 맺어지기까지 1년이란 세월을 기다리며 모진 자연의 역경을 받아들여 자신의 열매를 익어가게 한다. 피할 수 없이 마주치는 수많은 어려운 난관을 어떻게 받아들여 행동을 할 것인가에 대해 깊어 가는 가을 보름달을 바라보며 넉넉한 삶을 살아가는 법을 마음으로 그림을 그려본다.

3부

도반道伴

도반은 영적으로 성숙하게 익어가는 관계로
공간적으로 멀리 떨어져 있어도
결코 멀리 떨어져 있는 것이 아니다.
힘든 일을 할 때 도반이 옆에서 함께하면
결코 힘들게 여겨지지 않는다.
도반은 일체감을 가지고 일을 함으로써
말이 필요 없이 행동으로 표현한다.
영혼의 진동이 없으면
도반으로서 만남이 아니라 마주침으로 그치게 된다.
좋은 도반을 만나려면
먼저 자신이 좋은 도반의 조건을 갖추어야 하며
자신을 끝없이 가꾸고 노력하는 것이다.
좋은 도반의 탁마琢磨는
영적으로 양식이 되어
자신을 성숙하게 만들어 준다.

도반道伴

  도반은 옳은 길을 함께 간다는 뜻이다. 서로 잘못된 것을 보면 탁마를 하여 서로 고쳐서 옳은 길을 함께 간다는 의미를 담고 있다. 깨달음을 얻고자 몸과 마음이 일치하도록 노력 하는데 있어서 자신의 잘못을 알려주는 도반은 매우 소중한 존재이다. 오랫동안 깨달음의 공부를 하게되면, 자신도 모르게 서서히 몸과 마음이 일치되는 노력을 하지 않고 말로만 깨달은 척 목소리만 울려 퍼지게 된다. 도반은 이 부분을 탁마 해 주고 진실된 말과 행동을 하게끔 이끌어 준다. 세월의 무게만큼 시간이 지나면 마음이 통하는 소숭한 사람은 내우 귀하다.
  탁마琢磨는 상대방의 잘못된 것을 지적하면 상대방은 이를 받아들이고 고치려고 노력을 하는 것이다. 상대방이 모르는 사이 다른 사람들에게 잘못된 것을 지적하면서 뒤통수를 때리는 식으로 탁마를 하면 안 된다. 서로 간에 원수처럼 지내는 악연으로 발전될 수가 있다. 탁마는 상대방과 비슷한 수준이거나 그 이상으로 생각과 행동이 뛰어나야 그 효과를 발휘하게 된다. 자신의 잘못된 말과 행동을 고치지 않으면서 상대방의 잘못된 것을 지적하며 탁마를 해 주면, 겉으로는 말을 하지 않아도 속으로는 '너나 잘해라'라고 말을 하며 받아들이기는커녕 오히려 거리감을 두고 행동을 하게 된다. 상대방을 위하는 탁마를 하는 것도 지혜롭게 하여야 한다.

수행자는 자신이 자신을 감시하고 진실된 말과 행동을 하게끔 노력하여야 한다. 잠시 마음이 흐트러지면 안일과 타성에 젖어 올바른 수행이 허물어지게 된다. 오랫동안 수행을 했기 때문에 더욱 쉽게 타성의 늪에서 나오기 힘들게 된다. 타성의 늪에서 떨치고 일어서는 결단이 필요한 것이다. 오래된 타성의 삶으로부터 거듭거듭 떨쳐 버리는 출가의 정신이 필요한 이유이다.

타성의 늪에서 떨치고 일어서는 출가의 정신이 살아나면 안일한 생활에서 삶의 탄력이 생겨나게 된다. 삶의 탄력이 동력을 얻으면 진실된 말과 행동을 할 수 있도록 노력을 한다. 진실된 말과 행동이 이루어졌을 때 남들에게 잘못된 말과 행동을 탁마해 주면 남들은 자신을 고맙게 받아들이고 올바른 삶을 살아가게끔 노력하게 된다.

도반은 멀리 떨어져 있어도 마음의 고향 친구처럼 언제나 만나면 즐겁고 행복한 존재로 자리를 틀고 있다. 그러한 도반이 있다는 자체가 행복한 삶을 살아가게 된다. 언제든지 찾아가 함께 즐겁고 행복한 시간을 만끽하게 된다. 도반은 매우 중요한 사람이므로 자신도 날마다 새롭게 태어나도록 자신의 허물을 보려고 노력하여야 한다. 그러한 노력이 도반의 예리한 탁마를 받아들이게 된다. 훌륭한 도반을 만나는 것은 어려운 것이 아니다. 자신의 허물을 보려고 노력하게 되면 소중한 도반을 쉽게 만날 수 있다. 출가의 정신을 깨워 날마다 새롭게 태어나야 한다.

길

높고 깊은 산에는 두 가지 형태의 길이 있다.
순탄하게 걸을 수 있는 둘레길이 있고
비탈지고 숨이 턱 막힐 정도로 힘든 과정의 오르막길이 있다.
늘 한평생을 평탄한 길만 간다면
살아가는 의미가 별로 없다.
비탈지고 숨이 턱 막힐 정도로 힘든 과정의 오르막길은
자신을 거듭 태어날 수 있게 한다.
어려움을 겪고 난 뒤에는
평생 잊을 수 없는 자신의 소중한 내공이 쌓인다.
소중한 내공이 쌓이고 쌓일수록
힘든 과정의 오르막길을 스스럼없이 가게 된다.
힘든 삶의 과정인 오르막길을 오르면
잊을 수 없는 한 폭의 인생 그림을 그려 놓을 수 있으며
삶의 올바른 길로 나아갈 수 있다.

길

　지리산 같은 명산에는 멋들어진 자연의 풍광을 바라보는 둘레길이 있다. 또한 온몸이 뻐근함을 느끼게 하는 오르막 산길이 있다. 길에는 직선과 곡선이 있지만 주로 곡선을 이루고 있다. 직선과 곡선의 길이 전해주는 의미가 매우 중요하다. 직선은 인간을 조급하게 행동하도록 하고 냉혹하면서 비정함을 요구하는 특징이 있다. 반면 곡선은 여유가 있으면서 인정이 있고 바라보는 운치가 있는 것이 특징이다.

　직선은 끝이 뻔히 보이기 때문에 목적을 빨리 이루기를 요구한다. 곡선은 끝을 모르기 때문에 궁금증을 유발한다. 인생의 길도 곡선처럼 앞을 쉽게 내다볼 수 없다. 앞을 쉽게 내다볼 수 없으므로 살맛이 나는 것이다. 주어진 환경 속에서 자신이 할 수 있는 것을 찾는 것이다. 과정을 충실히 하며 삶의 기술도 터득하게 한다.

둘레길을 걷는 것은 크게 감명을 받고 자신에게 큰 가르침을 주지 않는다. 비탈지고 힘든 과정의 오르막길을 오르면 쉽게 잊을 수 없는 비경을 볼 수 있다. 직접 경험해야 알 수 있는 아름다운 자연의 풍광을 볼 수 있는 것이다. 또한 자연이 소리 없이 전해주는 깨달음의 소리를 들을 수 있다. 자신의 잘못된 삶을 돌아보고 새로운 방향을 제시하는 자연의 가르침을 볼 수 있다. 단순히 산을 바라보는 것이 아니라 자신의 삶을 바라보는 것이다.

늘 한평생을 평탄한 길만 간다고 생각해 보라. 살아가는 의미가 별로 없다. 비탈지고 힘든 과정의 오르막길을 통해 자신을 거듭 태어날 수 있다. 경상남도 함양에서 마천으로 넘어가는 오도재라고 불리는 오르막길이 있다. 예적에 고승이 이 길을 따라 오르고 내려오면서 도를 깨쳤다고 하여 붙여진 이름이다.

수행자의 길은 몸을 편하게 생활하면 안 된다. 몸을 아끼면서 보고 들은 것을 위주로 하면 언행일치가 되지 않으므로 아는 척을 하게 된다. 불가사의한 진리의 세계를 경험하기 위해서는 몸과 마음이 하나가 되도록 행동으로 실천하는 수행을 하여야 한다. 몸은 다루기 나름이다. 힘든 일을 하면서 몸이 적응이 되면 몸이 힘들게 여겨지지 않는다. 불가사의한 진리의 세계를 경험하게 되면 저절로 언행일치가 되도록 생활을 하게 된다.

깨달음을 얻고자 한다면 생각에서만 머물지 말라. 생각에만 머물고 몸을 편안하게 생활을 하면 깨달음과는 먼 다른 길로 가게 된다. 깨달음의 세계는 마음에 따라 몸이 저절로 움직이게 만들어야 한다. 깨달음은 쉽게 얻어지는 것이 아니다. 수행자다운 근기를 키워야 한다. 깨달음의 길은 몸과 마음이 여유가 있으면서 어디에도 걸림이 없는 진정한 자유인으로서 삶을 살아가게 한다. 수행자여! 부디 오도재처럼 오르막길을 올라 깨달음을 얻어 걸림이 없는 진정한 자유인으로서 살아가기를 바란다.

수행

자신의 한계를 극복하게 하는 근본적인 힘은
행동으로 실천하여 자신의 부족한 것을
채우고 또 채우는 수행으로 이루어진다.
다양한 경험으로 이루어진 것은
자신만이 할 수 있는 지혜로 발전하게 되고
지혜는 부족하고 불편한 것을 불평하는 것보다
즐겁게 생활하도록 만들게 하는 힘을 발휘한다.
수행이 깊어질수록
남들이 쉽게 볼 수 없는 것을 볼 수 있으며
자연이 전해주는 소리 없는 소리를 들을 수 있고
지혜의 샘이 깊어지는 것을 알 수 있다.
수행은 진리의 세계를 아는척하는 것이 아니라
불가사의한 진리의 세계를 경험하게 만든다.

수행

  수행은 행동으로 실천하여 자신의 한계를 극복할 수 있도록 경험한 것을 바탕으로 지혜로 발전시키는 매우 중요한 역할을 한다. 벽을 마주하고 허리를 꼿꼿이 펴고 앉아 명상에서 얻은 화두의 깊고 깊은 뜻을 행동으로 실천하면 지혜의 꽃으로 피어난다. 어려운 일에 부딪히면 쉽게 물러나지 말고 정신을 집중하면 해결할 수 있는 방법을 찾게 된다. 이것을 행동으로 실천하여 어려운 일을 극복하게 되면 자신만이 할 수 있는 지혜의 힘을 기르게 되는 것이다.

  수행은 편안하고 좋은 환경에서 하는 것보다 남들이 하기 싫은 환경에서 하여야 그 힘을 발휘할 수 있다. 부족하고 불편한 것을 하나하나 채우고 또 채우는 과정에서 즐거운 곳으로 변하게 한다. 이러한 환경에서 수행을 하게 되면 물질적으로 부족하여 생기는 근심 걱정이 사라지게 된다. 깊은 산속에서 홀로 생활하면 그 두려움과 공포가 사라지게 되는 것이다.

 수행은 물리적으로 부족하여 생기는 근심. 걱정이 사라지고 두려움과 공포가 사라지게 되면 '할 수 있다'는 자신감으로 채워지게 된다. 남들이 쉽게 할 수 없는 일을 자신만이 할 수 있는 뛰어난 능력을 발휘하게 된다. 어려운 일도 자신감으로 할 수 있으면 마음의 여유로움을 만끽하게 되는 것이다. 수행을 깊이 할수록 진실된 말과 행동을 하게 된다. 아는 척하는 것이 아니라 진실되게 말과 행동을 함으로 인해 남들에게 믿음이 가게 된다.

 수행이 깊어질수록 남들이 쉽게 볼 수 없는 것을 보게 된다. 자연이 전해주는 소리없는 소리를 들을 수 있으며 명상에서 사색의 폭이 넓어지면서 지혜의 샘이 깊어 지는 것을 알 수 있다. 수행은 행동으로 실천하는 것이므로 명상에서 화두를 들고 얻은 것을 행동으로 옮겨 그 맛을 경험하는 것이다. 수행의 맛은 경험을 해봐야 알 수 있다. 수행의 그 깊은 맛을.

 수행은 비울수록 오히려 채워지는 오묘한 도리를 체험하게 된다. 불필요한 것을 버리고 또 버리어 삶을 단순하게 생활하게 된다. 단순함의 묘미가 있는 것을 알게 된다. 오히려 정신적으로 성숙하게 되어 안으로 충만하게 하여 무소유의 삶을 즐기게 된다. 무소유의 삶은 일반적으로 여러 가지 힘들고 불편한 것이 많아 보인다. 그러나 무소유의 삶은 정신적으로 성숙하게 되어 부질없는 근심. 걱정, 두려움과 공포가 사라지게 한다. 무소유의 힘을 경험하게 되면 부질없는 물질의 위력과 명예는 아무 무의미 하게 느껴질 뿐이다. 무소유의 힘은 말로 표현하기 어렵고 경험을 해봐야 그 위력을 알 수 있다. 수행자여! 무소유의 삶을 경험하고 그 불가사의한 무소유의 힘을 경험하기를 바랄 뿐이다.

탐.진.치貪.瞋.癡

만족을 모르는 끝없는 욕망의 집착은
끝없이 솟아나는 번뇌의 물결에 휩쓸린다.
소소한 것에 만족을 느끼면
불필요한 탐욕의 달콤한 유혹에서 벗어나
마음의 여유로운 생활의 행복을 만끽하게 된다.
화내는 것은 '내가 있다'는 관념에서 비롯되므로
스스로 낮추어 자신을 높이는 도리를 터득해야 한다.
손 한 번 움직이고 발 한 번 더 움직여
무아無我의 행동을 실천하면
수승한 인격체로 성숙 되어
이미 남들에게 존경의 대상이 되어 있다.
어리석음은 눈에만 보이는 것만 전부 인양 아는 것이므로
넓이와 깊이의 끝을 알 수 없는 정신세계를 알지 못하여
물질적인 탐욕에 얽매이며
이기적이며 비정하고 냉정한 삶을 추구한다.
정신세계를 알면 지혜의 문을 열게 되어
정신적으로 성숙하게 되어
어리석음에서 벗어나게 된다.
높은 수행을 하여 탐.진.치가 없어지면
이미 마음의 해탈을 얻게 된다.

탐.진.치貪.瞋.癡

　번뇌의 원인은 탐.진.치로 인하여 일어난다. 탐욕은 달콤한 유혹으로 인하여 쉽게 억제하기가 힘든다. 돈의 위력은 멋들어진 집을 지을 수 있고, 멋진 자동차를 가질 수 있으며, 맛있는 음식과 고급옷을 마음대로 먹고 입을 수 있게 만든다. 또한 하고 싶은 것을 마음껏 할 수 있다고 생각한다. 그러므로 달콤한 유혹의 탐욕을 제어하는 것은 매우 어렵다. 그로 인하여 소소한 것에 대한 만족을 느끼지 못하여 재산이 조금만 줄어들어도 번뇌가 일어나게 된다.
　수행자는 부질없는 불필요한 물질적인 탐욕을 제어하기 위하여 아주 사소한 것에 만족할 줄 알아야 한다. 불편한 것을 즐거운 것으로 바꿀 수 있는 방법을 터득해야 한다. 수행자는 단순하면서 마음의 여유를 가질 수 있도록 불필요한 것을 버릴 줄 아는 무소유의 삶을 생활해야 한다. 비울수록 오히려 충만해지는 도리를 경험하여야 무소유의 힘을 발휘할 수 있다. 가난하여 비굴해지는 것이 아니라 오히려 당당한 삶을 살아가게 된다. 무소유의 삶은 달콤한 유혹의 탐욕이 꼬리를 감추고 뒤로 물러나게 만든다. 무소유의 힘을 경험하게 되면 물질적으로 부족한 것에 대한 근심, 걱정이 사라지게 되어 번뇌가 일어날 수가 없다.

자신의 감정을 다스리지 못하여 사소한 것에도 쉽게 화를 내게 된다. '내가 있다'라는 관념觀念을 제거하지 못하면 쉽게 화를 낸다. 부드러움은 강함을 이긴다. 자신을 낮춤으로써 오히려 스스로를 높이게 된다. 그러므로 무아無我의 깊고 깊은 뜻을 헤아려야 한다. '내가 있다'라는 관념을 없애기 위해 남들보다 손 한 번 더 움직이고 발 한 번 더 움직이는 자세로 생활하여야 한다. 소극적인 자세보다 적극적인 자세로 행동하여야 한다.

남들보다 더 움직이게 되면 번뇌에서 벗어나게 되고 정신적으로 성숙한 삶을 살아가게 되는 것이다. 자신이 부드러우면서 적극적으로 행동을 하게 되면 남들은 자신을 존경의 대상으로 대우함으로 인해, 일반적으로 겪게 되는 스트레스는 멀리 날려 보낼 수 있다. '내가 있다'라는 관념이 사라지도록 무아無我의 깊고 깊은 뜻을 헤아려 행동으로 실천하여 번뇌가 사라지도록 해야 한다.

지혜는 어리석은 생각에서 벗어나야 생긴다. 자신의 한계에 부딪치는 일을 마주하면 지혜의 능력이 부족하면 오만가지 생각으로 번뇌가 일어난다. 이로 인하여 어리석은 생각에 생각으로 얼룩지게 만든다. 자신의 한계에 부딪치는 일을 마주하면 경험이 많아서 지혜롭게 행동하는 고수를 만나 뵙고 보면서 체험하며 배워야 한다. 자신의 한계에 부딪치는 일을 마주하면 어렵다고 쉽게 포기하면 남들의 눈치나 보며 무시당하는 생활을 하게 된다. 어리석은 생각으로 인하여 번뇌만 무성한 힘든 생활을 할 수 밖에 없다. 자신의 한계를 벗어난 어려운 일을 극복하여야 자신만이 할 수 있는 지혜를 발휘하게 된다. 정신적인 세계를 명상에서 얻은 것을 행동으로 실천하는 수행을 하여야 지혜의 꽃을 피울 수 있다.

수행자는 더 높은 수행을 하여야 탐욕과 화를 내는 것, 어리석은 행동을 하지 않게 된다. 수승한 지혜는 탐.진.치에서 오는 번뇌를 소멸했기에 마음의 해탈을 이루게 된다. 행동으로 실천하는 수승한 수행을 하여야 근심. 걱정이 없는 극락세계를 펼칠 수 있는 능력을 갖추게 된다. 그저 얻어지는 것은 없다. 남들보다 힘든 수행을 하여야 진리의 세계가 품고 있는 깊고 깊은 맛을 알게 된다. 말로 표현할 수 없는 그 맛을 경험해 보기를 바란다.

연등

연등은 어리석은 생각과 행동을 바꾸어
밝은 세상에서 올바른 생활을 하도록 만드는 의미가 있다.
밝은 낮에는 산길을 쉽게 오르고 내려올 수 있지만
칠 흙같이 깜깜한 밤에는 한 발짝도 쉽게 걷기 어렵다.
보고 들으면 쉽게 알 것 같지만
직접 체험하면 생각대로 쉽게 되지 않는다.
완전한 자신의 것이 되어야
남들에게 올바른 가르침을 줄 수 있다.
부처님 오신 날에 연등만 달 것이 아니라
자신이 다양 경험으로 터득한 것으로
밝은 세상을 이끄는 연등이 되어야 한다.

연등

　음력 4월 8일은 부처님 오신 날이다. 석가모니 부처님이 고행을 하여 깨달음을 얻은 후 사바세계에서 중생들을 구제하기 위해 많은 법을 설하셨다. 부처님 오신 날을 기념하기 위하여 전국에 있는 절은 마을 입구마다 연등을 달아 놓는다. 풍랑이 심한 바다에 떠있는 배를 안전한 곳으로 이동시키기 위한 등대의 역할을 하는 것처럼, 연등은 어리석은 생각과 행동을 바꾸어 밝은 세상에서 올바르게 생활을 하도록 만드는 의미를 가지고 있다.

　절에 가서 부처님 오신 날을 기념하기 위하여 자신과 가족들을 위한 기도로 연등을 다는 것이 아니라, 자신과 남을 위한 기도를 부처님께 올리며 행동으로 실천하여 자신이 밝은 세상을 이끄는 연등이 되어야 한다.

덕산스님은 밤에 밖이 칠 흙같이 어두워 밖으로 나갈 수 없었다. 용담스님이 촛불을 주면서 덕산스님이 막 촛불을 받으려고 하는데, 용담스님이 갑자기 촛불을 입으로 불어 꺼버렸다. 그러자 사방이 칠 흙처럼 깜깜했다. 덕산스님은 여기에서 크게 깨달았다.

밝은 낮에는 산길을 쉽게 오르고 내려올 수 있지만 칠 흙같이 깜깜한 밤에는 한 발짝도 쉽게 걷기 어렵다. 보고 들으면 쉽게 알 것 같지만 직접 체험하면 생각대로 쉽게 되지 않는다. 완전한 자신의 것이 되도록 노력하여야 한다. 완전한 자신의 것이 되어야 남들에게 올바른 가르침을 줄 수 있다. 덕산스님은 이 이치를 크게 깨달음을 얻은 것이다. 이후 덕산스님은 봉을 들어 때리면서 가르침을 주었다. 그래서 '덕산봉'이라는 것이 전해져 내려오고 있다. 올바르게 깨우쳐야 자신이 연등이 되어 밝은 길로 안내할 수 있다.

보시報施는 도움을 받는 사람이 올바른 삶을 살아가게 만들어 밝은 사회를 비추는 연등이 되게 하는 것이다. 보시는 물질적으로 도움을 주는 방법이 있고 정신적으로 도움을 주는 방법이 있다. 또한 유익한 책을 주어 어리석은 생각과 행동을 바뀌게 하여 새로운 삶을 살아가게 하는 방법이 있다. 이 모든 것을 행동으로 실천한 분이 계시기에 이 글을 통해서 소개를 한다.

경상남도 진주시에 거주하는 김장하라는 분이 계신다. 이 분은 지금은 가게 문을 닫았지만 예전에 남성당 한약방을 운

영하며 학생들에게 장학금을 주며 훌륭한 인재로 성장하게 도와주었다. 도움을 청하는 사람들의 이야기를 듣고 옳다고 여기면 아낌없이 물질적으로 지원을 해 주었다. 또한 정신적으로 많은 도움을 주었다. 지역 신문사가 어려움에 처하자 아낌없이 지원하여 사람들의 눈을 뜨게 하였다. 또한 마음에 좋은 양식을 주어 정신적으로 성숙하게 하였다. 그 제자들이 모여 과거의 덕행을 한 행동을 TV에 소개하였다. 지금도 제자들이 그 정신을 이어받아 보시의 깊은 뜻을 행하고 있다. 세상을 밝게 비추는 연등과 같은 삶을 살아 온 분이기에 이 글을 통해 다시 알린다.

생을 마감하면서 '아무것도 가져가지 못하고 자신이 지은 업만 따를 뿐이다'라는 말이 있다. 자신의 따뜻한 덕행으로 이 말의 깊은 뜻을 실행에 옮겨 사회를 밝게 비추는 연등이 되면 좋을 듯하다.

부처님이 깨달음을 가르쳐주신 그 깊고 깊은 뜻을 마음과 몸으로 받아들여 수행자 자신이 하나의 연등이 되어 올바른 가르침을 이어가야 한다. 불교의 가르침은 생활 속에서 그 뜻을 이해하고 실행하여야 의미가 있다. 김장하 같은 분처럼 생활 속에서 행동으로 실천했을 때 연등의 깊은 의미가 있는 것이다. 부처님 오신 날에만 연등을 밝히려고만 하지 말고 평소에 생활불교를 실행하여 자신의 연등을 끊임없이 밝혀야 하지 않겠는가.

발길 닿는 대로

발길 닿는 대로 깊은 산속으로 가면
드러나지 않게 수행을 하는 사람들을 만나게 된다.
드러나지 않게 수행을 하는 사람들을 만나면
나의 공부 수준을 점검하는 소중한 시간이 된다.
깊은 내공의 수행자는
나름대로 독특한 방법으로
눈에 보이지 않는 그물을 쳐놓은 채
수행자로서 공부 수준을 점검하게 된다.
우물 안의 개구리처럼
좁은 수준의 공부를 아는 것이 아니라
더 넓은 수준의 공부를 하게 만들어 준다.
발길 닿는 대로 다니면서
드러나지 않게 수행하는 사람들을 만나 보라.

발길 닿는 대로

 정해진 목적지도 없이 발길 닿는 대로 길을 떠나면 깊고 깊은 산이 눈에 들어온다. 색다른 풍경을 구경하게 되고 평소에 보지 못한 야생화를 만나는 소중한 시간이 된다. 그곳에서 상스러운 기운을 받으며 생활하는 드러나지 않게 수행을 하는 수행자를 만나게 된다. 몇 일간의 짧은 시간이지만 같이 생활을 하면서 나의 수행 공부 수준을 명확하게 알 수 있는 계기가 된다. 회광반조回光返照 즉, 자신을 돌아보게 되는 매우 소중한 기회가 되는 것이다.
 찾아가지 않으면 쉽게 만날 수 없는 수행자를 만나면, 자신의 부족한 면을 발견하게 되어 더욱 깊은 수행을 할 수 있는 계기가 된다. 옛부터 만행萬行을 통하여 선지식을 만나도록 가르쳐 주었다. 자신이 수행을 통하여 깊이 있는 공부를 하여야 드러나지 않는 수행자의 오랫동안 닦아온 내공을 볼 수 있다.

절 입구에 표지석도 하나 없이 깊은 산속에서 조용히 생활하는 노스님의 모습을 보면 내공의 깊이를 가늠하기가 어렵다. 부드럽고 인자한 모습으로 한마디의 말씀 속에 녹아 있는 내공의 질문을 받으면 자신의 공부 수준이 드러나게 된다.

드러나지 않는 수행자들을 만나 보면 짧은 일정이지만 같이 생활하면 자신의 공부 수준을 쉽게 파악할 수 있다. 수행자는 수행자를 알아봄으로 드러나지 않는 수행자는 찾아오는 이들의 공부 수준을 점검을 한다. 나름대로 독특한 방법으로 눈에 보이지 않는 그물을 쳐놓고 공부 수준이 약하면 그 그물에 걸리게 되어 있다. 특히 행동으로 보여 주어야 함으로 평소에 닦은 수행의 실력이 드러나게 되는 것이다.

자신의 토굴에서 수준 높은 수행을 하지 않으면 깊은 내공의 수행자의 그물에 걸려 혼이 나게 된다. 수행자로서 수준 높은 수행을 하여야 깊은 내공의 수행자 그물에 걸리지 않게 되어 수행자로서의 모습을 인정받게 된다.

이처럼 발길 닿는 대로 다니면서 드러나지 않는 수행자를 만나서 자신의 부족한 면을 알게 하여 더욱 근기를 키우는 수행을 하여 자신의 공부 수준을 높여야 한다.

가파른 산길을 따라 올라가면 병풍처럼 우뚝 솟은 바위 산속에 조그마한 토굴이 둥지를 틀고 앉아 있다. 토굴 옆에는 물줄기가 시원하게 소리를 내며 아래로 흘러 내려가고 있다. 깊은 산속에서만 볼 수 있는 새들의 노랫소리를 듣고 있노라면 자연의 법문이 펼쳐진다. 운무가 살포시 내려앉으면 신비의 세계인 산수화로 자연의 그림이 펼쳐진다. 발길 닿는 대로 움직이면 볼 수 있는 자연의 풍경 모습이다.

꽃에서 배워라

매화꽃, 진달래, 벚꽃, 연꽃, 국화는
그 누구도 닮지 않으며 자신만의 꽃을 피운다.
다양한 경험을 하면서
자신만의 뛰어난 능력을 발휘하여야 한다.
과일나무는 봄에 꽃을 피우게 하여
가뭄과 태풍을 견뎌내야
맛있는 과일로 탄생한다.
힘든 세월의 풍파를 견디며
겸손한 자세로 지혜를 발휘하여야
자신의 내면을 충실하게 된다.
계절마다 피는 꽃을 보며
소리 없이 전해주는 깊은 뜻을 배워라.

꽃에서 배워라

토굴에 올라가는 길에서 나뭇잎 사이로 보이는 야생화가 마음을 설레게 하여 조용히 다가가면 새로운 소식을 알려준다. 매화나무, 진달래, 개나리, 벚꽃 등 매서운 추운 겨울을 견디고 따스한 봄을 알리는 꽃들이 피어난다. 여름에는 나리, 배롱나무, 연꽃 등 뜨겁게 달구어진 햇빛을 피하지 않고 당당하게 자신의 모습을 드러낸다. 단풍으로 물든 산을 배경으로 국화, 용담 등 자신만의 독특한 모습으로 꽃을 피운다.

이처럼 매화나무, 진달래, 벚꽃, 배롱나무, 연꽃, 국화, 용담 등 저마다 자신만의 꽃을 피운다. 그 누구도 닮지 않는다. 남과 비교하면서 살아가면 자신의 삶은 불행의 꽃을 피우게 된다. 다른 사람을 따라 모방하며 살아가게 되면 자신의 뛰어난 재능을 가지고 있는 것을 알지 못하게 된다. 꽃들만의 독특한 모습으로 꽃을 피우듯 자신만의 뛰어난 재능을 가지고 있는 것을 알아야 한다. 눈으로 관심을 가지고 보며 머리로 깊은 명상을 하여 손과 발을 활용하여 행동으로 실천하면 자신의 뛰어난 재능을 발견하게 된다. 자신의 뛰어난 재능을 활용하여야 자신만의 독특한 꽃을 피우게 된다.

　과일나무는 봄에 일찍 꽃을 피워 가을에 과일이 익어간다. 하나의 과일이 익어가려면 더운 가뭄을 견뎌야 하고 태풍도 견뎌내야만 제대로 익은 과일로 탄생한다. 자신의 재능만 믿고 자만심으로 세상을 살아가면 꽃을 피우게 했지만 원만한 인간관계를 형성하지 못하면 열매가 익기도 전에 떨어지게 된다. 자신의 한계를 벗어난 어려운 일을 만나게 되면 자만심으로 인해 견디지 못하여 열매가 익기도 전에 떨어지게 된다. 자신의 열매가 익으려면 인간관계가 원만해져야 하며 어려운 일을 만나면 경험이 많은 선배에게 배워 자신의 부족한 면을 채우고 또 채워야 한다. 그저 쉽게 이루어 지는 것은 없다. 오랫동안 다양한 경험을 하며 자만심을 없애고 자신을 낮추는 겸손의 도리를 터득해야 한다.

　봄에는 봄에 피는 꽃이 있고 여름에는 여름에 피는 꽃이 있으며 가을에는 가을에 피는 꽃이 있다. 꽃들은 저마다 피는 시절이 있다. 사람도 마찬가지로 자신만의 독특한 재능의 꽃을 피우는 시절이 있다. 일찍 자신의 독특한 재능의 꽃을 피워 성공한 사람도 있다. 일찍 자신의 꽃을 피우지만 경험 부족으로 인하여 일찍 시들어 버리는 사람도 있다. 늦게 피는 자신의 꽃은 오랫동안 다양한 경험을 하여 인생의 지혜를 발휘하게 되면 자신의 재능은 쉽게 시들지 않는다. 가뭄과 태풍을 견디어 온 과일나무처럼 자신의 삶을 쉽게 이루려 하면 안 된다. 자신을 겸손하게 하여 자신의 내면을 충실하게 하여야 세월의 풍파를 이겨낼 수 있다.

뜨거운 여름날에 덥다고 짜증을 내지 말고 자연에서 뜨거운 햇빛에 당당하게 맞서며, 자신만의 세계를 펼치는 꽃을 보라. 소리 없는 소리로 알려주는 꽃에서 배워라. 자신의 내면을 충실하게 하여 어려운 일에서도 웃으면서 일을 할 수 있도록.

산 사람

새벽에 새의 울음소리가 노래로 시작되고
물소리, 바람 소리가 시를 읊어 주며
운무가 살포시 내려앉더니
비가 바람을 타고 내리면서 춤을 춘다.
자연이 연출하는 무대를 어디에 비교하리
산 사람은
산이 전해주는 소리 없는 소리를
듣고 보며 경험한 것을 바탕으로
겸손하며 부드럽게 지혜로운 생활을 하여
큰 세상을 만들어 극락세계를 펼치는
또 다른 위대한 산이 된다.

산 사람

깊은 산속에 사는 산 사람은 산에서 위대한 스승을 만난다. 산은 단순히 꽃구경이나 단풍을 구경하는 것이 아니라 깨달음의 큰 가르침을 알려준다. 산속을 자세히 바라보면 바위, 흐르는 물, 나무, 바람 소리 등에서 소리 없는 소리로 전해주는 깊고 깊은 뜻을 헤아리게 한다.

나무와 바위, 시냇물과 온갖 새들이며 동물, 구름, 바람 이 밖에도 무수한 것들이 한데 어울려 생활하는 곳이 산이다. 산 사람은 세상을 등진 채 산속에서 생활하는 것이 아니라 더 큰 세상을 만나기 위해 산속에서 마음공부를 하는 것이다. 산은 자신만을 위한 삶이 아닌 다 함께 밝은 세상에서 살아가는 이치를 가르쳐 준다.

나무는 가뭄과 태풍 등 자연의 재해에 맞서 힘들게 성장시킨 과일과 열매를 아낌없이 인간과 동물들에게 베풀어 준다. 인간은 더 많은 과일을 생산하기 위하여 과일나무를 증식시킨다. 새와 동물은 열매를 먹은 뒤 배설물을 통해 씨를 이동시켜 새로운 장소에서 새로운 생명을 탄생 시킨다. 비움으로써 오히려 채워지는 오묘한 도리를 체험하게 된다. 오직 먹이에만 집착하는 동물적인 삶이 아닌 사랑과 연민이 깃들어 있는 나눔으로써 밝고 희망찬 사회를 만들어 가게 한다. 또한 자신은 정신적으로 더욱 성숙하게 되어 삶이 의미 있고 보람 있는 더 큰 일을 하게 되는 밑거름이 된다.

 산 사람은 무아無我의 깊고 깊은 뜻을 헤아리고 실천하며 살아간다. 비본질적인 것을 버리고 또 버리어 투명하게 하여 정신적으로 충만하게 성숙시켜 본질적인 자신을 태어나게 한다. 비본질적인 것을 버리면 자신을 낮추게 되어 겸손하며 화를 내는 것을 참고 지혜롭게 생활하도록 변화시킨다. 온화하면서 부드럽게 상대방을 대하며 지혜를 발휘하며 활동을 함으로 인해 존경을 받게 된다. 산은 봄, 여름, 가을, 겨울이면 새롭게 변화를 한다. 자연의 사계절이 변화하는 모습에서 깊고 깊은 뜻을 헤아리게 된다. 변화는 묵은 것을 떨쳐 버리고 새롭게 시작할 때 새 움이 튼다. 자신의 정체된 삶에서 새로운 변화를 시도하면 새롭고 신선한 삶으로 바뀌게 된다. 새로운 변화를 통해서 삶이 활기차게 되고 정신적으로 성숙하게 되어 즐거움으로 다가온다. 산이 변화하지 않고 사계절이 똑같다면 어떻게 되겠는가? 자신도 변화하지 않으면 정체되어 썩어가는 물과 다름없다.

  산은 쉽게 드러나지 않는 은밀한 곳에 숨겨둔 자신의 독특한 매력을 찾아오는 사람에게 신비의 세계를 보여준다. 이 순간 아름다운 풍광을 바라보며 자연이 빚어낸 소중한 맛을 알게 한다. 깊고 깊은 산 속에서 수행을 하는 산 사람은 소리 없이 전해주는 깊고 깊은 뜻을 헤아려야 한다. 불가사의한 진리의 세계를 경험하여 올바르게 남들을 위해 극락세계를 펼칠 수 있도록 하여야 한다. 산 사람은 깊은 산속에서 행동으로 실천하는 수행을 하여 또 하나의 큰 산이 되는 것이다.

스스로 행복한 사람

물질적인 욕망을 채우고 또 채워도 끝이 없고
물질적인 삶은 조금만 줄어들면 불안한 마음이 생겨
근심. 걱정으로 이어진다.
소소하고 사소한 것을 고맙게 받아들이고 만족을 하면
스스로 행복한 사람이다.
아끼고 검소한 삶을 살아가며
부정적인 생각을 바꾸어
긍정적인 생각으로 행동하고 실천하여
정신적으로 행복한 삶을 살아가는 사람이 된다.
불가능하다고 생각한 것을
명상을 하여 얻은 생각을
행동으로 만들고 다듬어서 부족한 면을 또 다듬는다.
명상을 하여 지혜의 힘을 발휘하여
가능하게 만드는 것이
스스로 행복한 사람이다.

스스로 행복한 사람

　행복과 불행은 항상 서로 상호 작용을 한다. 행복이 많아지면 불행이 적어진다. 행복이 적어지면 불행이 많아지게 된다. 스스로 행복한 사람은 불행이 적으므로 근심. 걱정이 줄게 마련이다. 그러므로 스스로 행복한 삶을 살기 위하여 조용히 앉아 명상을 하고 행동으로 실천하여, 정신적으로 충만하게 하여 깨어 있는 삶을 살아야 한다.
　깊은 산속에서 생활을 하면 수백미터 떨어진 곳에서 호스를 연결하여 토굴에 있는 물통에 물을 모아서 사용하게 된다. 겨울에는 호스에 흐르는 물이 얼어 어렵게 사용하게 된다. 물이 매우 고맙고 귀하게 여겨 아껴서 사용하게 된다. 부족한 것을 지혜롭게 생활하게 되면 마음이 행복하게 된다. 사소하고 소소한 것에 만족하게 되어 스스로 행복한 사람이 되는 것이다.

  생활하는 것이 넘침으로 인해 고맙고 귀하게 여겨지지 않게 됨으로 인해 아끼고 검소한 생활을 하지 못하게 된다. 오르막이 있으면 내리막이 있다. 뜻하지 않는 사항이 발생하여 생활이 어려워지게 되면 사소하고 소소한 것에 만족을 하지 못하고 불평불만이 가득하게 되어 불행한 삶을 초래하게 된다. 그러한 마음이 점점 불행한 삶으로 만들어 가게 된다. 대인관계도 원만하지 못하게 되고 스스로 위축되어 정신적으로 힘들게 생활을 하게 된다.

  불행은 스스로 딛고 일어서야 한다. 부정적인 생각에서 긍정적인 생각으로 바꾸어 조용히 앉아 명상을 하고 명상에서 얻은 생각을 행동으로 실천하여 부족한 면을 채우고 또 채워야 한다. 사소하고 소소한 것을 불평과 불만을 하지 말고 만족하고 살아가는 법을 터득해야 한다. 사소하고 소소한 것을 고맙고 감사하게 느껴져야 불행의 터널에서 벗어나 정신적으로 스스로 행복한 사람이 되는 것이다.

  부정적인 생각으로 해보지도 않고 불가능하다고 생각한 것을 긍정적인 생각으로 바꾸어, 조용히 앉아 명상을 하여 얻은 생각으로 만들고 다듬어서 또 조용히 앉아 명상을 한다. 한 번 경험을 한 것을 명상을 하여 잘못된 것을 수정을 하고 만들고 다듬으면 지혜를 발휘하게 된다. 지혜를 발휘할수록 지혜의 샘도 깊어지게 된다. 불가능하다고 생각한 것을 자신이 만들고 다듬어서 가능하게 하면 스스로 행복한 사람이 되는 것이다.

　지혜를 발휘하기 위해서는 조용히 앉아 명상의 시간을 가져야 한다. 명상에서 얻은 생각을 행동으로 옮겨 만들고 다듬어서 부족한 면이 있으면 또 명상을 하고 다시 만들고 다듬으면 점차 지혜가 발휘하게 된다. 경험이 많을수록 지혜의 힘을 발휘하게 된다. 스스로 '할 수 있다'는 자신감을 얻으면 스스로 행복한 사람이 되는 것이다. 행복은 멀리 밖에서 구하는 것이 아니라 안에서 스스로 행동으로 실천하여 만드는 것이다.

자연 앞에서

자연의 일부분으로 살아가는 산 사람은
자연의 소리 없이 전해주는 소리에 귀를 기울인다.
바람소리, 흐르는 물소리
구름이 일어나며 꽃이 피고 지는 것 조차
자연의 소리 없이 전해주는
깊고 깊은 우주의 소리인 것이다.
자연의 편안한 숨소리가
인간의 과도한 욕심으로 생긴 개발로 인하여
지구의 온난화로 지구가 몸살을 앓으면
한곳에서 심한 가뭄으로 고통을 주고
또 다른 곳에는 물난리로 고통을 준다.
좋은 것이 있으면 항상 나쁜 것도 같이 있다.
난개발로 인하여 지구가 몸살을 앓으면
자연재해로 엄청난 고통이 따른다는 것을 알아야 하다.
자연의 숨소리가 편안해야
자연의 일부인 동물과 식물 그리고 인간이
편안하게 생활할 수 있다.
자연 앞에서
자연의 편안한 숨소리에 귀를 기울여야 한다.

자연 앞에서

　꽃이 피고 지고 구름이 일어나며 바람이 불면 비가 흩날린다. 겨울이면 흐르는 물이 얼고 봄이 오면 얼음이 풀리는 것은 자연의 이치이다. 누가 이러한 것을 참견할 수 있겠는가. 자연만이 할 수 있다. 고요하고 적막한 것이 자연의 습성이다. 어디에서 들려오는 산새의 울음소리가 귀를 즐겁게 한다. 계곡에서 흐르는 청량한 물소리마저 아름다운 음악을 연주한다. 도심에서 쉽게 접하는 시끄러운 소음을 자연에서 들을 수 없는 즐거움이 있다
　자연에서 소리 없는 소리에 귀를 기울이게 된다. 계곡에서 흐르는 물소리, 나무, 바람소리, 구름, 비 등 모든 것들이 우주의 소리를 담아 소리 없이 전해준다. 위대한 사상가나 종교는 소리 없는 소리를 귀담아 듣고 행동으로 실천하여 큰

깨달음을 얻는다. 자연 앞에서 소리 없는 소리에 귀를 기울여야 한다. 소리 없는 소리의 뜻을 알게 되면 자연이 전해주는 소리 없는 소리를 눈으로 볼 수 있게 된다. 소리 없는 소리를 눈으로 보게 되면 바위, 나무, 계곡에서 흐르는 물, 바람 소리, 구름 등 소중하지 않는 것이 없다. 그러므로 깊은 산속에서 홀로 지내면서 찾아오는 외로움이나 근심. 걱정은 사라지게 된다.

  자연은 많은 것을 베풀어 준다. 그러나 과욕을 부리면 자연은 그 대가를 혹독하게 치르게 한다. 인간의 욕심은 채우고 또 채워도 그 끝이 없다. 경제적 가치를 내세워 자연을 함부로 훼손하고 화석연료 에너지로 인하여 기온상승으로 자연은 혹독한 재해로 엄청난 고통을 치르게 하고 있다. 이상기온으로 인해서 한쪽에서 물난리를 겪고 있고 다른 쪽에서는 폭염과 가뭄으로 고통을 받고 있다. 빙하가 급속도로 녹아내리고 있어 섬나라는 물에 잠기고 있다.

  집중호우에 안일하게 대처를 하면 소중한 생명들이 많은 희생을 치르고 막대한 물질적, 정신적 대가를 치른 다음 그에 대한 대책을 세우게 될 것이다. 동물들은 지진이나 쓰나미 같은 자연재해에 미리 대처하는 행동이 매우 민첩하다. 그러나 사람은 재난 사고가 코앞에 닥쳤을 때 위험 상황을 감지할 수 있을 정도로 대처 능력이 매우 둔하다. 지구는 환경오염으로 매우 위험한 수준에 와있다. 그런데도 경제적 논리만 앞세우고 그 뒤에 따라오는 자연적 재앙에 대해서는 아무 말이 없다.

  자연의 이치를 알아야 한다. 과도한 욕심으로 인한 경제적 이익 뒤에는 자연이 주는 재해는 10배, 100배 이상 엄청난 고통을 가져다주는 것을 알아야 한다. 자연이 알려주는 경고를 겸허하게 받아들여야 한다. 자연이 소리 없이 전해주는 소리에 귀를 기울여 들여야 한다. 자연의 재해가 한 번 폭염과 가뭄이 오랫동안 지속되면 인간들의 삶은 어떻게 되겠는가? 강력한 폭풍우와 장마가 오랫동안 지속되면 어떻게 되겠는가? 지금 진행되고 있는 사항이다. 심각하게 받아들여야 한다.

  자연은 말없이 사람들에게 많은 깨우침을 준다. 자연 앞에서 얄팍한 지식 같은 것은통하지 않는다. 자연이 숨 쉬는 소리를 들어야 한다. 자연이 편안하게 숨을 쉬면 자연의 일부인 인간의 숨쉬는 소리도 편안하다. 자연이 전해주는 우주의 소리를 귀를 기울여 들어야 한다.

4부

자신답게 살아라

긍정적이며 적극적으로 삶을 사는 사람은
자신답게 살아가고 있는 것이다.
자신답게 살아가지 못하는 사람은
미래에 대한 불안과 근심. 걱정에 쌓여
지나간 과거를 연연하게 된다.
자신 있게 살아가는 사람은
일에 대한 자부심을 가지며
어려운 일을 마주치면
피하지 않고 해결할 방법을 찾아
일의 즐거움을 만들어 간다.
현재의 위치에서 최선을 다하며
최대한 노력을 하여
미래에 대한 불안과 근심. 걱정의
고민 같은 것을 끼어들 틈을 주지 않는다.
영혼을 맑게 가꾸어
삶의 가치에 의미의 무게를 두는
자신답게 살아라.

자신답게 살아라

 어떤 위치에 있거나 어떤 자리에 있더라도 자신이 맡은 일을 책임 있는 자세로 열심히 노력하는 사람이 자신답게 살아갈 수 있다. 지금 서 있는 이 자리에서 최선을 다해 최대한 노력을 하면 미래에 대한 근심. 걱정이 사라지게 된다. 지금 이 자리에서 자신 없는 삶을 살아가는 사람은 이미 지나간 과거를 회상한다. 아직 오지도 않은 미래를 허망한 꿈을 그려보게 된다. 지나간 과거나 오지도 않은 미래를 바라보는 것은 어리석은 생각에서 비롯되는 것이다.

 그저 얻어지는 것은 없다. 어떠한 방법으로 노력하느냐에 따라 삶의 질이 달라진다. 다양한 경험을 즐겨라. 다양한 경험 속에 자신의 숨겨진 뛰어난 능력을 발견하게 된다. 자신의 뛰어난 능력을 발휘하게 되면 자신답게 살아갈 수 있다.

자신의 뛰어난 능력을 발견하지 못하는 이유는 자신의 한계를 벗어나는 일을 만나면 스스로 힘들다고 포기하기 때문이다. 자신이 해야 할 소중한 일을 소홀히 하여 단지 먹고 살기 위해 원하지 않는 일의 노예가 되는 삶을 살게 된다.

  생각 없이 하는 일과 생각을 하고 하는 일은 엄청난 차이가 난다. 생각 없이 일을 하게 되면 일의 흐름을 파악하지 못해서 스스로 일을 찾아서 하지 못하고 주위의 눈치만 살피게 된다. 똑같은 실수를 반복하게 되어 주위의 동료들로부터 따가운 눈총을 피할 수 없게 된다. 또한 자신도 스트레스를 받아 일에 대한 자신감을 잃어버리게 될 수밖에 없다. 벽을 보고 조용히 앉아 명상을 하는 시간을 가져보자. 정신을 집중해서 일이 돌아가는 흐름을 파악하고 똑같은 실수를 하지 않도록 반성의 기회를 갖는다.

  일의 흐름을 알면 주저할 것 없이 자신이 해야 할 일을 쉽게 찾아서 할 수 있다. 즉, 일의 노예가 되는 것이 아니라 스스로 일을 만들어 할 수 있게 된다.

  자신답게 살아가는 사람은 일에 대한 자부심을 가지고 있다. 일에 대한 자부심은 일을 만들 줄 알고 일에 대한 즐거움을 알고 있다. 어려운 일에 부딪치면 피하려고 하지 않고 조용히 앉아 명상을 통해 해결할 수 있는 방법을 생각하게 된다. 어려운 일이 해결되면 그 즐거움은 자신만이 알 수 있다. 마음이 넉넉해지며 어떠한 삶의 고민 같은 것은 끼어들 틈이 없다.

일을 눈치만 보며 대충대충 하는 사람은 시간이 흘러감에 따라 삶의 고민이 슬금슬금 찾아오기 시작한다. 어려운 일에 부딪치면 자신이 해결하기보다 남에게 의존하게 된다. 자신감을 잃게 되어 자신답게 살아가지 못하게 된다. 자신답게 살아가는 사람은 내일을 걱정하지 않고 다가올 미래도 걱정하지 않는다. 지금처럼 일에 대한 자부심을 가지고 일에 대한 즐거움을 갖고 있으므로 일에 대한 두려움이 없다.

수행자는 늘 자신의 영혼을 가꾸는 일에 전념하여야 한다. 자기의 영혼을 맑히는 일은 끝이 없으므로 항상 명상의 시간을 가져야 한다. 자신의 영혼을 맑게 하여야 안으로 충만하게 되어 자신답게 살아갈 수 있는 것이다.

침묵

침묵은 자연의 소리 없는 소리를 듣기 위해 귀를 기울여
자신의 영혼을 깨우는 일이다.
자신의 영혼을 깨워서
자연이 날마다 새롭게 변화시키는 것처럼
날마다 새롭게 자신을 변화시켜 준다.
자연이 소리 없이 전해주는 소리를 들으면
자신의 영혼을 숙성시키고 충만하게 하여
자신의 삶을 생기있고 활기차게 만들어 준다.
자연의 소리를 귀 기울여 듣는 것은
침묵의 소중한 의미를
행동으로 실천하여 몸으로 익히는 것이다.

침묵

 깊고 깊은 산속은 고요하고 적막하다. 그 속에서 홀로 생활을 하면 자연스럽게 말을 할 필요가 없으므로 침묵 속에서 지낸다. 침묵은 말을 하는 것이 아니라 자연이 들려주는 소리 없는 소리를 귀를 기울여 듣는 것이다. 자연이 전해주는 소리 없는 소리를 듣고 조용히 앉아 명상을 하여 자신의 영혼을 숙성시켜 내면의 자아를 충만하게 한다. 그것을 행동으로 실천하여 깨달음을 터득하는 것이다.
 열심히 땀을 흘리며 일을 하고 잠시 그늘에 걸터 앉으니 어디선가 불어오는 바람이 새로운 소식을 알려준다. 바람은 기압의 변화로 일어나는 대기의 흐름이다. 바람은 움직임으로 인해 살아있는 기능을 발휘한다. 바람은 나무를 흔들어 깨움으로 인해 수액이 돌게 한다. 봄이면 따뜻한 바람을 몰고 와 새로운 식물들이 태어나고 나무에서 새로운 잎을 돋아나게 한다. 뜨거운 여름이면 시원한 바람으로 잠시나마 더위를 식혀준다. 가을이면 서늘한 바람을 일으켜 풍성한 가을잔치를 연출한다. 겨울에는 차갑고 매서운 바람으로 내면의 자아를 키워 더욱 강하고 튼튼한 나무로 자라게 한다.

침묵은 바람을 통해 자신을 변화시켜 살아있는 기능을 하게 만든다. 자신을 변화시켜야 생기있고 활기찬 삶을 살아가게 된다. 변화 없는 안일과 방종으로 무의미하게 삶을 마감하면 안 된다. 자신은 변화 있는 삶을 살기 위해서 침묵 속에서 자연의 소리 없는 소리에 귀를 기울여야 한다. 어디 바람뿐이겠는가. 바다의 겉은 고요하지만 바다속은 항상 물결이 움직여 바다를 살아있게 만든다. 진도대교에서 바다를 바라보면 바다의 물결이 움직이는 위력을 알 수 있다.

자연에서는 멈춤이 없다. 날마다 새롭게 변화를 한다. 날마다 벽을 바라보고 조용히 앉아 일기 쓰듯이 명상을 하는 이유가 있다. 자신을 날마다 새롭게 변화된 삶을 살아가고 있는가를 점검하게 되는 것이다.

침묵은 나무가 전해주는 소리, 바위가 전해주는 소리, 계곡에서 흐르는 물소리가 전해주는 소리, 구름이 전해주는 소리, 바람에 흩날리며 떨어지는 빗방울이 전해주는 소리를 귀 기울어 듣게 한다.

침묵은 깨달음을 밖에서 구하지 말고 자신의 영혼을 숙성시키고 충만하게 하여 안에서 터득하게 만든다. 침묵은 철저하게 비우는 도리를 알게 한다. 부질없는 불필요한 욕망을 버리고 또 버리어 영혼을 맑게 하여 자연이 전해주는 우주의 소리를 듣게 한다. 소리 없는 소리를 귀 기울여 들으면 눈으로 소리 없는 소리를 보게 된다. 그것을 행동으로 실천하여 자신의 것으로 만들어야 한다. 자신의 것으로 만들지 못하면 메마른 지혜로 바람에 흩어져 버린다. 자신의 것으로 만들어야 진정한 어디에도 걸림이 없는 자유인의 삶을 살아가게 되는 것이다.

  말이 많고 행동으로 실천하지 않는 사람은 신뢰가 가지 않으며 빈 깡통처럼 말의 무게가 없어 소음공해만 유발한다. 말이 별로 없지만 행동으로 보여주기 때문에 신뢰가 가게 된다. 말의 무게가 느껴지는 것을 알 수 있다. 침묵은 말보다 행동으로 실천할 때 깊은 의미가 있는 것이다.

물처럼 흐르라

계곡에서 흐르는 물은 양은 적으면서 소리는 요란하다.
물이 흘러 내려오면서 서로 합쳐지며
깎아 놓은 절벽을 만나 굽이굽이 돌아
큰 강물이 되어 여유로움을 보여준다.
낮에는 햇빛을 받아
일렁이는 바람을 타고 금빛으로 반짝이고
밤에는 달빛을 가득 실어
고요하게 소리 없이 흐른다.
삶의 무게가 깊어지는 인생도
강물처럼 흐른다.

물처럼 흐르라

　무더위에 땀을 식히려 계곡물에 들어가서 잠시 더위를 식힌다. 계곡에서 흐르는 물이 한 소식을 전해준다. 계곡에서 흐르는 물은 양이 적으면서 소리가 요란하다. 마치 빈 깡통이 요란한 것처럼, 젊을 때는 처음으로 일을 하면 의욕이 앞서 마치 세상 이치를 아는 것처럼 목소리도 우렁차다. 세월이 조금 흐르면 인재들이 하나, 둘... 만나게 되면 급류를 만난 듯 서로 앞다투어 경쟁의 자리에서 요동을 치게 된다.
　깍아 놓은 절벽을 만나면 굽이굽이 돌고 돌아서 흐르는 물처럼 자신을 낮추고 겸손하게 된다. 어려운 일을 만나 사신의 한계를 극복하고 또 극복하면서 큰 강물이 되어 흐른다. 오랜 세월 다양한 경험을 하면서 살아온 내공이 쌓여 일에 대한 자신감을 가지게 되어 여유로움을 가지게 된다. 낮에는 햇빛을 받아 일렁이는 바람을 타고 금빛으로 반짝이고 밤에는 달빛을 가득 실어 고요하게 소리 없이 흐른다. 알면 알수록 벼가 고개를 숙이는 것처럼 불필요한 말은 없어지게 된다. 다만 행동으로 보여줄 뿐.

물이 흘러야 메마른 대지에 싹을 틔울 수 있고 나무에서 꽃이 피고 새가 운다. 물은 모든 생명체를 살릴 수 있는 중요한 역할을 한다. 수행자는 어리석은 사람들에게 밝은 생각과 행동을 할 수 있어야 한다. 책을 보고 남들이 하는 이야기를 듣고 아는 것이 아니라, 자신이 깊은 명상을 하고 행동으로 실천하여 깊고 깊은 진리의 뜻을 알아야 한다.

수행자는 깨달음을 얻기 위하여 깊고 깊은 산속에서 홀로 생활을 한다. 흐르는 물처럼 자신의 한계에 부딪치는 경계를 피할 것이 아니라 스스로 극복하여야 한다. 부족한 것은 채우고 또 채워야 한다. 수행은 어려운 일을 극복하게 하는 매우 중요한 역할을 한다. 행동으로 실천하여야 수행의 깊고 깊은 뜻을 이해하게 된다.

수행자는 깨달음을 얻어 어디에도 걸림이 없는 진정한 자유인의 삶을 살아야 한다. 낮에는 햇빛을 받아 일렁이는 바람을 타고 금빛을 반짝이고, 밤에는 달빛을 가득 실어 고요하게 소리 없이 흐르는 강물처럼 여유로운 삶을 살아야 한다.

강물은 많은 물이 내려가지만 소리가 없다. 우리가 살아가는 삶도 마찬가지로 많은 경험이 쌓이면 굳이 말이 필요 없다. 다만 행동으로 보여줄 뿐이다. 인생의 삶도 물처럼 흘러간다. 그러므로 소리 없이 전해주는 강물처럼 흐르라.

어려움을 극복하라

어려움은 누구나 다 겪는 일이다.
어려움은 사람다운 사람으로 키우는 과정이고
하늘의 뜻이다.
어려운 일은 많이 겪을수록
원만한 덕과 지혜를 발휘하게 된다.
일이 순조롭게만 이루어지기를 바라지마라.
어려움을 만나는 것이 삶의 과정이다.
어려운 과정을 극복하면서
깊고 오묘한 깨달음을 얻게 된다.

어려움을 극복하라

 높은 산을 오르면 숨이 차고 힘든 부분에는 깔딱고개가 있다. 정상으로 오를수록 힘이 들게 마련이다. 정상에 오르면 아름다운 자연의 정취에 빠져 힘든 과정은 잊어버리고 만다. 산 넘어 산 이라더니 어디에서 몰려온 것일까? 겹겹이 산으로 둘러싸여 있다. 산을 오르면 힘들고 어렵지만 자연이 빚어낸 절경을 구경하자니 신비스러움을 느끼게 한다. 산을 자주 오른 사람은 나름대로 경험한 것을 바탕삼아 쉽게 올라간다. 처음 산을 오르면 남들보다 어려움을 겪은 경험은 쉽게 잊어지지 않는다. 산을 오르며 체험한 경험은 살아가는 삶을 마음에 담아 새겨보게 된다.
 자시의 한계를 벗어난 어려운 일을 겪는 것은 누구에게나 찾아본다. 일이 힘들다고 포기하면 그 대가는 지옥 골에 빠져 일의 노예가 되어 겨우 의.식.주를 해결하는 것조차 힘들게 생활하게 된다. 어려운 일을 극복하는 것은 마음 먹기에 달렸다. 자신만 겪는 것이 아니라 누구나 겪으면서 그것을 극복하려고 노력하는 것이다. 어려운 일을 만나면 생각도 깊어지고 행동도 신중하게 된다. 명상을 습관처럼 된 사람은 쉽게 극복할 수 있다. 그러나 생각하는 자체를 싫어하는 사람은 그 대가는 혹독하다. 명상 시간을 갖는 것은 매우 중요하다. 힘든 과정을 겪게 하는 것은 하늘이 바로 사람다운 사람을 만들려고 하는 것이다.

  힘든 과정을 경험한 것은 쉽게 잊어지지 않는다. 그런 경험이 또 다른 힘든 사항에 부닥쳤을 때 큰 힘이 되어준다. 힘든 과정을 겪고 나면 평소에 힘들게 느껴졌던 것들이 힘들게 느껴지지 않는다. 어려운 과정을 거치면서 자신만의 독창적인 것을 창조하고자 하는 새로운 도전 의식이 생기게 된다.

  근심. 걱정을 동반한 어려움을 만나면 피하려고 하지 마라. 안으로 자신을 살펴 이것을 극복해야 발전할 수 있다. 그저 쉽게 얻어지는 것은 없다. 많은 고민을 하고 문제 해결을 극복하는 과정에서 자신감이 생기고 지혜를 발휘하게 된다. 그러므로 조용히 앉아 명상을 통해 안으로 자신을 살피고 또 살펴야 한다. 어려움을 딛고 일어서야 하는 명백한 이유를 알게 될 것이다.

  어려움은 자신을 크게 성장 시켜주는 스승이다. 이 깊고 깊은 뜻을 가슴으로 받아 들여야 한다. 일이 순조롭게만 이루어지기를 바랄 수는 없다. 어려움을 만나는 것이 삶의 과정이다. 수행자는 어려운 일을 극복하는 과정에서 깊고 오묘한 깨달음을 얻게 된다. 어려움을 많이 겪을수록 생각하는 것, 행동하는 것 하나하나 신중하게 되고 조심스럽게 대하게 된다. 아는 척, 잘난 척하지 않고 안으로 살피고 또 살피면서 자만심을 다독거려 준다. 어려움은 자신에게 자신감을 키우게 하고 지혜를 발휘하게 하여, 자신만의 독특한 것을 개발하게끔 손짓으로 이끌어 주고 있다. 어려움을 극복하지 않으면 원만한 덕과 지혜는 이루기 어렵다는 깊은 뜻을 다시 한 번 헤아려 본다.

날마다 새롭게

날마다 새롭게 변하는 자연의 신선한 모습을 보면서
계절이 주는 의미를 헤아려 본다.
순간순간 날마다 새롭게 자신을 변하게 하여
삶의 질을 높여 생활의 무게를 느껴야
삶의 가치가 소중한 의미를 알게 된다.
자신만의 시간을 만들어 관심을 가지고
소소한 것이라도 만들어 보라.
만드는 순간순간마다 소소한 것이지만
새로운 것에 대한 신선한 즐거움을 느끼게 되는 것이다.
순간순간 날마다 새롭게 변해야
생기있고 활기찬 하루를 시작할 수 있다.

날마다 새롭게

 도심에서는 콘크리트 건물 속에서 생활을 하면 계절의 변화를 쉽게 느끼지 못한다. 날마다 새롭게 변화하는 것을 인식하기가 어렵다. 산 속에서 생활을 하면 날마다 새롭게 변화되는 것을 보면 그 의미를 쉽게 받아들이게 된다. '날마다 새롭게'라는 말의 뜻을 이해하려면 시나 수필이든지 한 편의 글을 써보면 쉽게 알 수 있다. 세밀하게 관찰하고 벽을 보고 조용히 앉아 명상을 하면 날마다 새롭게 변화하는 것을 글로 표현할 수 있다.

 사물을 세밀히 관찰하고 명상을 하여 글로 표현하면 자신의 영혼을 숙성시켜 삶의 질을 높여 삶의 가치를 생각하게 만든다. 순수한 집중을 통해 그 속에 은밀하게 숨어 있는 오묘한 것을 발견하고 그것을 글로 표현할 수 있다. 날마다 새롭게 자신의 영혼을 숙성시켜 생기있고 활기찬 모습으로 생활할 수 있게 하여야 한다. 세밀히 관찰하고 명상을 하여 자신이 새롭게 변화하는 것을 알게 된다.

  똑같은 일을 반복하게 되면 신선한 즐거움이 없다. 새로운 즐거움을 느끼려면 자기만의 시간을 만들어 관심을 가지고 소소한 것이라도 만들어 보라. 만드는 순간순간마다 새로운 것에 대한 즐거움을 느끼게 된다. 소소한 것이지만 새로운 변화에 신선한 즐거움을 느끼게 되는 것이다.

  자신의 영혼을 숙성시켜 삶의 질을 높여 삶의 가치의 의미를 알게 하기 위해서는 홀로 있는 시간이 필요하다. 자신의 내면을 만나는 소중한 시간이다. 홀로 있는 시간은 일반적인 공간을 벗어나 영혼을 맑게 한다. 영혼이 맑아지면 자연스럽게 자신의 행동도 서서히 변하게 된다. 탁한 물이 정화되어 맑은 물이 되듯이 마음의 영혼이 맑아지면 행동도 따라서 변하게 되는 것이다. 순간순간 새롭게 시작하여야 삶이 살아있는 것을 알게 된다. 하루하루 대충대충 살아가면 안일과 방종으로 삶의 의미와 가치를 잃게 된다. 낡은 것으로부터, 묵은 것으로부터 털고 일어나야 한다. 순간순간 새롭게 시작하는 마음이 일어나야 삶의 질이 달라지며 삶의 가치가 소중함을 알게 된다.

  남의 삶을 모방하거나 추종하는 것은 어리석은 생각이다. 자신의 삶을 살아야 한다. 여행은 단순히 현재의 피곤한 삶을 피하려는 것이 아니라 낯선 환경에서 날마다 새롭게 라는 깊은 뜻을 실감하게 되는 것이다.

　누구에게나 똑같이 주어진 24시간을 어떻게 활용할 것 인가에 따라 삶의 질이 달라진다. 하루를 무의미하게 시간을 보내는 사람은 삶의 질을 알 수 있겠는가? 삶의 질은 영혼의 무게를 알게 한다. 영혼의 무게를 알 수 있을 때 살아온 삶의 가치를 알 수 있다. 자신이 하고 싶은 일을 하여야 한다. 자신이 하고 싶은 일은 전심전력을 다하여 최대한 노력을 기울이게 된다. 그 일에서 자신의 뛰어난 능력의 꽃을 피울 수 있다.

　순간순간 날마다 새롭게 변해야 살아있는 사람인 것이다. 안일과 방종으로 날마다 새롭게 변하는 것을 거부 하는 삶은 우물 안의 개구리와 같은 삶을 살아가는 것과 같다. 낡은 것으로부터 묵은 것으로부터 털고 새로운 마음을 가지고 자신을 변해야 한다. 순간순간 날마다 새롭게.

토굴

깊은 산속에 아담한 집 한 채 속에
불필요한 것들을 버리고 또 버리어
단순한 무소유의 삶으로 생활하는 곳이 토굴이다.
단순히 끼니만 때우고 편안하게 생활하는 곳이 아니라
곡괭이와 삽으로 땅을 파고
지게로 돌을 날라와 축대를 쌓고
비바람을 막아 줄 집을 지으면서
화두의 깊고 깊은 뜻을 헤아려 본다.
자신의 한계를 벗어나는 근기를 키우고 키워
어떠한 경계도 두려워하지 않는
당당한 수행자의 삶을 살아가는 곳이다.
불가사의한 진리의 세계를 경험하여
말과 행동이 일치하도록 생활하면서
불편한 것을 즐겁게 살아가게 하는
지혜의 힘을 발휘한다.
진정한 어디에도 걸림 없이 살아가는
자유인으로서 무소유의 힘을 발휘하게 만드는 곳이
토굴이다.

토굴

  토굴은 땅속의 굴을 말하는 것이 아니라 土(흙토), 窟(집굴)로 흙으로 만든 집을 말한다. 즉, 토굴은 혼자서 조용히 공부하는 아담한 집을 말한다. 곡괭이와 삽으로 땅을 파고 다듬어 기초를 다진다. 집을 지을 자리 뒤에 흙이 무너지지 않도록 지게에 돌을 옮겨 축대를 쌓는다. 비를 맞지 않고 바람을 막아 줄 집을 만드는 것이다. 조용한 시간에는 벽을 마주하고 앉아 명상에 잠겨 화두의 깊고 깊은 뜻을 헤아려 본다.

  토굴을 지으면서 화두를 들고 헤아려 보면, 은산 철벽에 가로막혀 있던 화두의 깊고 깊은 뜻이 어느 순간 눈앞에서 펼쳐지게 된다. 화두의 깊고 깊은 뜻을 알게 되면 말과 행동이 일치되게 더욱 수행에 매진하게 된다. 행동으로 실천하면서 자신의 근기를 강하게 키우게 되는 것이다. 토굴에서 불필요한 물질적인 욕망을 없애고 자신의 근기를 강하게 하기 위해 힘든 과정의 수행을 하게 된다.

　자신의 한계를 벗어나는 수행을 하여 근기가 상 근기 이상 대 근기를 발휘하게 되면 시간과 공간을 초월하는 진리의 세계를 경험하게 된다. 불가사의한 진리의 세계를 경험하게 되면 더욱 수행이 익어가도록 생활을 하게 된다. 없는 것을 구하려고 노력하지 않고 적은 것과 작은 것을 만족하는 삶을 살아간다. 불편한 것을 불평만 하지 않고 즐겁게 살아가는 지혜의 힘을 발휘하게 되는 것이다.

　수행자는 가난을 무소유의 삶으로 즐겁게 생활한다. 그러므로 가난한 삶으로 남의 눈치를 보는 것이 아니라 당당한 모습을 보여준다. 불필요한 것을 버리고 또 버리는 생활을 함으로 비본질적인 것에 얽매이지 않는다. 수행 자체가 힘든 과정이다. 수행이 힘든 과정이지만 적응이 되어 편하게 생활하면 불편한 것이 즐거움으로 변하게 되어 비본질적인 몸을 편하게 생활하면 산속에서 수행할 수 없다. 비본질적인 몸을 강하게 단련하여 행동으로 수행하여야 즐거운 생활을 만들 수 있다. 가난은 몸소 부딪쳐 체험한 것으로써 수행의 도리를 알게 된다. 수행자에게 가난이란 맑음 그 자체이다.

　토굴은 단순하게 생활하는 곳으로 무소유의 삶을 요구한다, 불필요한 물질적 욕망으로부터 벗어나서 집착을 버리고 또 버리는 생활을 하게 된다. 비움으로써 오히려 채워지는 깊고 오묘한 도리를 체험하게 된다. 부질없는 물질적인 욕망에서 벗어나니 마음의 여유가 생기면서 오히려 삶을 활기차며 자신감을 가지게 된다. 진정한 어디에도 걸림이 없는 자유인으로 살아간다. 무소유는 단지 불필요한 물질적 욕망에서 벗어나는 것에서 멈추지 않고 무소유의 강력한 힘을 경험해 보아야 알 수 있다.

  옛적부터 선지식은 몸소 무소유의 삶을 보여주었고, 후학들에게 무소유의 삶을 강조한 이유를 직접 경험하고 무소유의 힘을 발휘하기를 바란다.

토굴가

나옹선사

   청산림靑山林 깊은 골에 일간토굴一間土窟 지어놓고 송문松門을 반개半開하고 석경石徑에 배회徘徊하니 녹양춘삼월하綠楊春三月下에 춘풍이 건듯 불어 정전庭前에 백종화百種花는 처처에 피었는데 풍경風景도 좋거니와 물색物色이 더욱 좋다.

   그중에 무슨 일이 세상에 최귀最貴한고 일편무위진묘향一片無爲眞妙香을 옥로중玉爐中에 꽂아두고 적적寂寂한 명창하明窓下에 묵묵히 홀로 앉아 십년十年을 기한정코 일대사一大事를 궁구하니 종전에 모르던 일 금일에야 알았구나!

   일단고명심지월一段孤明心地月은 만고에 밝았는데 무명장야업파랑無名長夜業波浪에 길 못 찾아 다녔도다.

   영축산 제불회상靈鷲山 諸佛會上 처처에 모였거든 소림굴조사가풍少林窟祖師家風 어찌 멀리 찾을 소냐!

   청산은 묵묵하고 녹수는 잔잔한데 청풍淸風이 슬슬瑟瑟하니 어떠한 소식인가

   일리재평一理齋平 나툰 중에 활계活計조차 구족具足하다.

   천봉만학千峯萬壑푸른 송엽松葉 일발중一鉢中에 담아두고

   백공천창百孔千瘡 깁은 누비 두 어깨에 걸었으니

   의식衣食에 무심無心커든 세욕世慾이 있을 소냐!

   욕정欲情이 담박하니 인아사상人我四相 쓸 데 없고

사상산四相山이 없는 곳에 법성산法性山이 높고 높아
일물一物도 없는 중에 법계일상法界一相 나투었다.
교교皎皎한 야월夜月 하에 원각산정圓覺山頂 선 듯 올라
무공저無孔箸를 빗겨 물고 몰현금沒弦琴을 높이 타니
무위자성진실락無爲自性眞實樂이 이 중에 갖췄더라!
석호石虎는 무영舞詠하고 송풍松風은 화답和答할 제
무착령無着嶺에 올라와서 불지촌佛地村을 굽어보니
각수覺樹에 담화曇華는 난만개爛漫開더라!

수행자의 길

수행자는 화두를 들고 좌선坐禪을 하며 명상을 하여 얻은 생각을 행동으로 실천하여 경험한 것을 통해 깨달음을 얻은 사람이다. 수행자는 한 생각이 일어나면 바로 행동으로 실천하기 때문에 다음으로 미루는 행동을 하지 않는다. 지금 '이 순간'의 중요한 의미를 알기 때문이다.

잠시 먼 과거를 시간여행으로 떠나 본다. 궁예는 왕자의 신분으로 태어나지만 평범하지 않는 출생으로 불길한 아이로 몰리면서 유모의 도움으로 절에서 성장하였다. 깊이 있는 공부를 하지 못하고 정치지도자의 길로 들어서게 된다. 말년에 궁예는 스스로 미륵 부처님이라 말하며 관심법을 활용하여 공포정치를 실행하였다. 수행자는 백성들에게 궁예가 가짜 미륵 부처님이라 스스럼없이 말하며 목숨을 내어놓고 잘못된 점을 지적하였다.

　도선 스님은 왕건에게 올바른 부처님 법을 가르쳐주어 행동으로 실천하게 하였다. 왕건이 고려를 창건하여 불교를 올바르게 융성하게 만들었다. 그 이후 16분의 뛰어난 수행자를 국사國師로 모셔 국가와 불교를 발전 시켰다.

　고려 말기에 무신정권이 들어서자 사이비 스님들이 감언이설로 불교의 근본이념과 전혀 다르게 부와 명예를 중시하는 귀족 종교로 둔갑시켰다. 무신정권의 최고 권력자의 첫째 아들과 둘째 아들을 스님으로 둔갑시켜 정치적으로 이용하였다. 첫째 아들은 경상남도 산청군에 있는 단속사에 보냈고, 둘째 아들은 전라남도 화순에 있는 쌍봉사에 보내 정치적으로 이용하였다. 지방 호족들은 온갖 좋은 것을 절에 보내면 이들은 호의호식을 하며 지내게 된다. 오랜 전쟁과 왜구의 잦은 침입으로 인해 힘들게 살아가는 백성들에게는 원망의 대상이 되었다.

　조선시대로 바뀌자 불교는 유교의 탄압을 받게 되고 스님들은 도성에 출입을 하지 못하게 되었다. 단속사는 성리학자의 심한 탄압으로 서서히 쇠락하며 결국에는 폐사되어 단속사지로 남게 되었다. 단속사는 두 개의 탑과 당간지주 능 남아있는 당시의 유물로 얼마나 규모가 큰 사찰임을 알려주고 있다.

　임진왜란으로 일본군에 의해 나라가 위태로움에 처하게 된다. 서산대사는 예순아홉의 늙은 몸을 이끌고 승의병僧儀兵을 일으킨다. 제자 사명 스님과 처영스님 등 많은 스님들을 이끌고 서울을 탈환하였다. 서산대사는 선가귀감禪家龜鑑등 여러권의 책을 저술하여 불교의 우수성을 알려주었다. 선가귀감에서 '출가하여 스님이 되는 것이 어찌 작은 일이랴. 편하고 한가함을 구해서가 아니며, 따뜻이 입고 배불리 먹으려고 한 것도 아니며, 명예와 재물을 구하려는 것이 아니다. 나고 죽음을 면하려는 것이며, 번뇌를 끊으려는 것이고, 부처님의 지혜를 이으려는 것이며, 삼계(三界 ; 중생들이 살고있는 세계를 욕계欲界. 색계色界. 무색계無色界의 세계를 말한다.)에서 뛰어나 중생을 건지기 위해서다. 라고 말하였다. 서산대사는 수행자의 진면목을 보여주며 불교가 지금처럼 발전된 모습으로 융성하게 하는데 매우 중요한 역할을 하신 스님이다. 과거의 역사에서 잘못된 사이비 종교로 인하여 불행한 사건을 보여주었듯이 지금도 불행한 역사를 만들고 있다. 진정한 종교는 만인을 위한 것이지 특권층의 권력을 이용한 부와 명예를 얻기 위하는 종교가 아니다.

수행자는 생각과 행동을 하는데 있어서 차원을 달리하여야 한다. 차원이 다르면 바라보는 마음의 눈높이가 다르다. 남들이 쉽게 볼 수 없는 것을 볼 수 있고, 남들이 쉽게 할 수 없는 것을 할 수 있다. 겉모습만 볼 것이 아니라 내면의 깊이를 볼 수 있어야 한다. 깨달음의 세계는 그 넓이의 끝과 그 깊이의 끝을 알 수 없으므로 끊임 없이 수행을 하여야 한다.

나옹선사의 토굴가는 힘든 수행 과정을 거치고 깨달음의

세계를 절묘하게 표현한 글이다. 나옹선사의 토굴가 중에 '교교皎皎한 야월夜月하에 원각산정圓覺山頂 선 듯 올라 무공저無孔箸를 빗겨 물고 몰현금沒絃琴을 높이 타니 무위자성진실락無爲自性眞實樂이 이 주에 갖췄더라!'라는 대목이 나온다. 토굴에서 무소유의 삶에서 수행을 하면 불편한 것을 지혜의 힘으로 즐거움으로 바꿀 수 있으며, 한계를 극복하는 힘든 수행을 하여 불가능하게 여겼던 것을 가능하게 만들게 된다. 시간과 공간을 초월하는 불가사의한 진리의 세계를 경험하게 되어 자신의 진면목을 바라보게 되었으니, 마음의 여유로움이 충만하게 되어 구멍 없는 피리를 물면 저절로 불게 되며, 거문고 없어도 어찌 진실된 즐거움이 없을소냐!

출가하여 스님이 되는 것이 어찌 작은 일이랴, 편하고 한가함을 구해서가 아니며, 따뜻이 입고, 배불리 먹으려고 한 것도 아니며, 명예와 재물을 구하려는 것이 아니다. 나고 죽음을 면하려는 것이며, 번뇌를 끊으려는 것이고, 부처님의 지혜를 이으려는 것이며, 삼계에서 뛰어나 중생을 건지기 위해서다, 라고 말씀하신 서산대사의 뜻을 이해하고 수행하는 것이 수행자의 길이 아니겠는가.

주 4일 근무

88올림픽 이전에는 일주일에 토요일 오전까지 근무하고 오후부터 일요일까지 쉬는 것으로 생활하였다. 88올림픽 이후 급속도로 경제성장이 이루어지자 어느 순간 주 5일 근무가 시행되어 토요일, 일요일에 쉬게 되었다. 또한 명절, 한글날 등 토요일, 일요일에 겹치게 되면 대체 공휴일이 지정되어 별도로 하루 더 쉬게 되었다. 2022년 대통령 선거를 앞두고 정치인이 주 4일 근무를 공약으로 제시하였다. 월급을 받는 공무원이나 직장인들은 환영의 뜻으로 받아들이게 될 것이다.

월급제가 아닌 건설노동자나 자영업자는 하루 일해야 돈을 벌 수 있으므로 주 4일 근무하면 일상적인 생활이 힘들어진다. 일당으로 하는 일수가 많아야 생활의 경제적 여유가 생긴다. 이왕 하는 일을 즐겁게 하려고 노력을 많이 한다. 건설 노동자나 농촌, 어촌 등 힘들게 일하는 곳에는 젊은 외국인들이 많이 일하는 일터로 일상화되었다. 외국인들이 있기에 건설 현장이 돌아가고 있는 것이 현실이다.

주 4일 근무를 하면 외국인들은 한국을 떠나게 될 것이다. 쉬는 날이 많아지면 당연히 지출의 비용이 증가하게 될 것이다. 하루 일해서 번 돈으로 지출을 해야 되므로 당연히 한 달에 벌어들이는 돈은 줄게 마련이다. 주 4일 일하고 공휴일에 쉬는 직장인들처럼 자영업자들이 가게를 문 닫고 외국인들이 떠나면 과연 어떻게 되겠는가? 뜻하지 않은 상황이 벌어질 것이다.

열심히 일하는 사람은 일할 시간이 부족하다. 일의 가치를 알고 일의 소중함을 알기 때문이다. 쉬는 즐거움도 있으나 일하는 즐거움도 있다. 열심히 일하는 사람들에게 주 4일 근무는 찬물을 끼얹는 경우가 된다. 주 4일 근무를 시행하면 일하기 싫은 게으른 사람은 그것을 핑계로 일터의 분위기를 흐리게 한다. 건설 현장에서 많은 비가 오면 외부에서 일을 할 수 없다. 적은 비가 오면 충분히 일을 할 수가 있다. 게으른 사람은 빗방울이 떨어지면 바로 집으로 가자고 재촉한다. 게으른 사람의 특권으로 일을 방해하는 셋이나. 주 4일 근무는 게으른 사람들을 위한 행사가 될 것이므로 정치인은 함부로 말해서는 안 된다.

박정희 대통령 시절 가난한 나라 경제에서 벗어나기 위해

새마을 운동으로 열심히 일하는 분위기를 바꾸었다. 하루에 2교대, 3교대를 하면서 열심히 일한 덕분에 한국의 경제는 눈부시게 발전하게 된 것이다. 그렇게 힘들게 쉬지 않고 일한 덕분에 괄목한 경제성장을 이루어 세계가 부러워하는 나라로 성장한 것이다. 정치인은 열심히 노력하여 살아가는 건설노동자와 중소기업 근로자, 자영업자가 있는 것을 잊지 말아야 한다. 이들에게 찬물을 끼얹는 말을 삼가야 하지 않을까?

열심히 일을 하는 사람은 일을 하는 것이 쉬는 것이다. 쉬는 날이 많아지면 오히려 즐거움이 아닌 괴로움으로 둔갑하게 된다. 쉬는 날이 많아야 오히려 일상생활에서 힐링이 되고 자신들의 문화생활에 즐거움을 줄 수 있어 오히려 일을 효율적으로 할 수 있다고 주장을 한다. 그러나 부지런한 사람은 일의 즐거움을 알기 때문에 일을 통해 몸과 마음을 관리한다. 많은 시간을 할애하여 쉬는 것보다 짧은 시간을 활용하여 효과적으로 쉬는 방법을 터득하고 있다

게으른 것보다 부지런하게 일을 하는 것이 좋고 많은 시간을 할애하여 쉬는 것보다 짧은 시간을 활용하여 효과적으로 쉬는 것도 매우 중요하다. 부지런히 일하는 사람들의 얼굴을 보라. 얼굴에는 자신감과 더불어 즐거운 모습을 갖추고 있다.

중소기업에서 일하는 근로자나 건설 현장에서 일하는 노동자도 행복 추구권이 있다. 안정적인 생활을 하여야 행복을

추구하게 된다. 근로자와 노동자들은 주 4일 근무를 하면 재택근무를 할 수 없어 안정적인 생활이 어렵게 된다. 안정적인 생활이 어렵게 되면 당연히 결혼을 할 수 없게 되고 아이가 탄생할 수 없게 된다. 그런데도 결혼을 하지 않고 아이가 탄생하지 않는다고 미래를 걱정하는 것이 옳은 정책인지를 생각해 보아야 한다.

  새마을 운동이 개발도상국에 모범이 되었듯이 주 4일 근무가 아닌 자율적으로 주 4일 근무를 할 수 있고 주 5일, 주 6일 근무를 할 수 있도록 하는 것이 좋지 않을까? 양쪽 다 존립할 수 있게 하는 것이 서로 간에 행복추구권을 활용할 수 있을 것이다. 다른 나라에서 실시하고 있다고 단순히 따라갈 것이 아니라 우리의 독창적인 것을 개발하여 다른 나라에 모범을 보이면 더 좋지 않겠는가? 주 4일 근무 깊이 생각해 보고 말을 해야 할 것이다.

심각한 경고

    2015년에 '밥 값'이란 책으로 '장마'라는 글로 폭우의 위험성을 알렸다. 2022년 '구름처럼 물처럼'에서 기후변화라는 글로 기후변화의 위험성을 알려주었다.
    점차 기록적인 폭우가 쏟아지고 있다. 500mm 이상 비가 내려 피해가 심한 곳에는 책임을 회피하기 위하여 서로 남의 탓으로 돌리고 있다. 우리나라도 40℃가 넘는 폭염이 일어나고 있다. 기록적인 폭우와 기록적인 폭염이 계속해서 발생하고 있다. 기록적인 폭우와 폭염에 대처하기 위해서 현재의 방법으로 대처한다면 어리석은 생각이다. 기록적인 폭우와 폭염에 대처하기 위해서는 기록적으로 대처하는 방법을 찾아야 한다. 현재의 방법으로 대처한다면 앞으로 더 심각한 피해를 감당해야 한다.

가까운 중국이나 일본에서는 1,000mm 이상 비가 오는 곳이 있다고 들었다. 우리나라도 1,000mm 이상 비가 오지 않는다는 보장을 할 수 있겠는가? 유럽에서는 40℃ 이상의 폭염으로 지속적으로 발생하고 있다. 우리나라도 40℃ 이상의 폭염이 지속적으로 발생하지 않는다고 보장할 수 있겠는가?

폭염의 원인은 온실가스로 인한 지구 온난화에 의해 발생한다. 온실가스는 석탄과 석유와 같은 화석연료를 연소할 때 가장 많이 발생한다. 자동차나 발전소, 난방기 등에 석유 연료가 많이 사용되고 있다. 폭염으로 인해 농축산물 생산량이 많이 감소하게 되어 인간들에게 막대한 영향을 주게 된다. 폭염은 과도한 개발로 기구를 황폐화 시키고, 환경을 오염시킨 인간들이 만들어 낸 결과물인 것이다.

기후변화로 인해 상상을 초월하는 집중호우가 세계적으로 발생하고 있다. 집중호우가 할퀴고 간 그곳의 피해는 쉽게 생각할 수 있을 것이다. 십 년 전 태국에서 몇 달동안 내린 집중호우로 도시가 물속에 잠기는 일이 있었다. 고통을 받는 사람들의 생활상을 굳이 말을 하지 않아도 쉽게 생각할 수 있다.

이제는 지구의 몸살은 심각한 단계에 이르렀다. 경고를 하였음에도 불구하고 안일한 대처만 하였기에 자연의 재해에 감당할 수 없는 단계에 이르렀다. 사람은 재난 사고가 코앞에 닥쳤을 때 위험 사항을 감지할 수 있을 정도로 대처 능력이 매우 둔하다. 심각한 경고를 받아들여 서로 지혜를 모아

대처 방법을 찾아야 한다.

　28°C에서 있던 사람이 26°C에 머물면 매우 시원하다고 생각을 한다. 24°C에서 있던 사람이 26°C에 머물면 매우 덥다고 생각을 한다. 같은 26°C인데 몸이 느끼는 온도가 매우 다르다. 몸은 적응하기 나름이다. 여름에 땀을 흘리는 것이 당연한 이치인데, 몸이 땀이 나면 냄새가 나고 불편한 것을 내세워 점차 시원한 곳으로 만들기 위해 에어컨의 기온을 낮추고 또 낮추게 된다. 에어컨의 온도가 낮을수록 바깥으로 뿜어 내는 뜨거운 열기는 대기 온도를 상승시키는 결과를 가져오게 된다. 여름을 겨울처럼 시원하게 보내려고 하고 겨울을 여름처럼 보내려고 하니, 어찌 기록적인 폭우와 폭염이 발생하지 않겠는가?

　사람들의 생활방식이 바뀌지 않으면 기록적인 폭우와 폭염은 더욱 심해지게 될 것이고, 그에 따른 피해는 상상을 초월하게 된다. 수행자는 한여름에도 선풍기나 에어컨 없이 생활을 한다. 산속이라도 여름에 더운 것은 마찬가지다. 추운 겨울에도 한기를 없애는 정도로 난방을 하며 지낸다. 그럼에도 불구하고 건강하게 생활을 하고 있다.

　생각이 바뀌면 행동이 바뀌게 된다. 행동이 바뀌면 불편한 것을 즐거운 마음으로 바뀌게 된다. 몸에 땀이 나서 젖은 옷은 세탁해서 말리면 된다. 몸에 땀이 흐르면 몸속에 있는 노폐물이 배출되어 몸이 오히려 건강해진다. 여름에는 더운 것이 당연하다. 그렇게 받아들이면 마음이 편한 것으로 생활

습관을 바꾸는 지혜를 발휘하여야 한다. 코로나로 전 세계가 꽁꽁 얼어붙은 몇 년 동안 뜨거운 햇볕을 무덤덤하게 받아들이며 생활을 하여, 백신 한번 맞지 않고도 코로나를 극복하였다. 햇볕에는 비타민D 등 중요한 활성에너지를 발생하게 만든다. 지혜를 모아 효과적으로 대처하는 방법을 찾아야 한다. 심각한 경고를 받아들이지 않으면 자연은 엄중한 재해로 보답을 하게 된다. 명심하여야 한다.

가을 끝자락에 서서

 가을걷이가 끝나고 산과 들에는 단풍과 억새들이 가을잔치를 펼친다. 나름대로 한 해를 마무리하면서 열심히 명상하며 행동으로 실천하는 수행을 하였기에 마음속에는 가을의 풍요로움을 만끽하게 된다. 가을 끝자락에 서서 바라보니 찬 바람이 불면 나무에서 낙엽이 바람을 타고 끝없이 우수수 바닥에 내려앉는다. 어느덧 앙상한 가지만 남긴 채 나무들은 저마다 내면 속으로 빠져들어 간다. 들에도 수확을 끝낸 자리가 텅 비어지기 시작하더니 어느덧 빈 들녘으로 변하였다.
 가을 끝자락은 비우고 버리는 법을 가르쳐 주고 있다. 버리고 비울 때 미련이 없어야 한다. 버리고 비움으로써 자신의 내면세계가 강하게 되어 오히려 더 많은 것을 채우게 되는 도리가 숨어 있다. 잎이 시들어 낙엽이 되어서도 나무에서 떨어지지 않고 붙어 있는 단풍을 보면, 미련을 가지고 끝까지 버티면서 추하게 살아가느 삶의 모습을 보는 것 같다. 깊은 산속은 바람의 소리가 더욱 거칠고 추위도 일찍 찾아온다. 겨울을 지내려고 하면 마음을 다시 가다듬게 된다.

 한 해를 마무리하려면 미련 없이 버리고 비우는 마음 자세를 가져야 한다. 버리고 비우는 마음을 가져야 다시 새롭게 시작할 수 있다. 빈 들녘처럼 텅 비우는 마음을 가져야 하는 것이다. 비운다는 것은 침묵을 의미한다. 침묵은 고요하면서 자신의 내면을 가꾸는 시간이 된다. 자신의 내면을 가꾸어야 새롭게 시작할 준비를 하는 것이다. 버리고 비울줄을 알아야 미련을 가진 추한 모습의 단풍을 닮지 않는다.

 오랫동안 명상을 하고 행동으로 실천하는 수행을 하니 어느덧, 세월의 무게만큼 고목이 되어 가는 모습을 삭발하려고 거울을 보니 새삼 느끼게 된다. 버리고 비우는 마음은 텅 비우고 있어야 울림이 있다. 수행으로 경험한 것을 글로 표현을 해보면 보는 사람의 마음이 움직여야 가치가 있는 것이다. 맑은 울림은 책을 보는 것 자체가 신선함을 느끼게 한다. 비우고 버리는 마음은 단순한 삶에서 비롯된다. 단순한 삶에서 단순함의 묘미를 알게 한다.

 겨울을 여름처럼 생활을 하는 사람은 깊은 산속에서 생활하기 힘들다. 겨울에 춥다고 몸을 움츠리고 있으면 마음도 추울 수밖에 없다. 깊은 산속에서 겨울을 지내기 위해서는 몸을 움직이는 수행을 하여야 한다. 이왕 몸을 움직이는 것을 비효율적인 면보다 효율적으로 활용하면서 몸을 움직이면 몸과 마음이 건강해지고 즐거운 생활을 하게 된다.

낙엽이 우수수 떨어진 바닥은 붉고 노란 황금색으로 깔아놓으면서 나무는 새로운 변화를 받아들인다. 추운 겨울의 시련은 어린나무나 고목에게도 똑같은 환경을 제공한다. 나무들은 흙을 꽉 움켜잡고 자신의 내면을 강하게 만들어 간다. 나무뿐만 아니라 모든 동물들도 힘든 시기를 보내는 것은 마찬가지이다.

수행자는 지혜의 힘을 발휘하여 자신의 내면을 강하게 만들기 위해 몸을 즐겁게 움직이는 법을 터득하게 된다. 혹독한 추위의 변화를 즐거운 마음으로 받아들이게 되면 봄이 되면 나무들은 새로운 싹을 틔우듯이, 생각이 깊고 몸이 움직이는 행동반경이 넓으면 새로운 면을 보게 된다. 새로운 것을 보게 되면 마음이 즐거우면서 활기찬 생기가 돌게 된다.

곧 눈이 내리는 겨울이 오면 〈눈꽃 사랑〉의 시가 떠오른다.

빈 들녘을 바라보면
채우고 또 채우는 동물적 본능인 집착에서 벗어나
불필요한 것들을 버리고 버린 그 자리에
사랑과 연민으로 채워진 마음의 눈을 뜬다.
고요한 밤에 소리 없이 내린 눈은

마음과 마음들이 하나로 이어진 따뜻한 눈꽃으로 피어
외롭고, 힘들고, 쓸쓸한 이웃들에게 나눔의 기쁨을 전달하는
인간다운 삶을 살아가게 하는 지혜를 보여준다.
눈은 녹고 또 얼고 또다시 녹기를 반복하면서
대지의 품속에 슬그머니 스며들어
수많은 생명들을 발아시켜
살아 있는 생명들을 돌보게 하여
아름다운 사랑으로 피어나는 눈꽃 사랑.

부록
당신도 골프를 쉽게 칠 수 있다

골프를 쉽게 치고 싶다면

젊을 때 골프에 미친 듯이 연구를 하였다. 그 당시 유명한 골프잡지에 연구한 것을 많은 글로 실어서 알려 주었다. 또한 많은 곳에서 골프가 쉽다는 것을 증명하였다. 스님이 된 이후로 오랜 세월 수행에만 정진하였다. 지금도 골프를 잘못된 월리와 잘못된 스윙으로 가르치고 있으니 골프가 어려울 수밖에 없다. 오래 전에 연구한 것이 머릿속에 남아 있어 올바른 원리와 효과적인 훈련 방법을 알기 쉽게 글로써 골프 스윙을 그려 본다.

필드에서 드라이버를 잡고 공이 앞으로 똑바로 나아가는 호쾌한 샷을 하기를 바라면서 골프연습에서 많은 시간을 할애하면서 연습을 한다. 그러나 필드에 나가서 드라이버를 치면 슬라이스가 아니면 훅을 연발하기 마련이다. TV등을 통해서 세계적인 선수들이 골프를 스윙하는 것을 보고 대리만족을 하게 된다.

드라이버로 공을 멀리 보내면서 슬라이스나 훅이 아닌 똑바로 보내면 얼마나 마음이 호쾌하겠는가?

골프 스윙이 올바른 원리와 효과적인 훈련방법을 알면 마법에 걸린 것처럼 세계적인 선수들처럼 자신이 원하는 방향으로 공을 앞으로 똑바르게 보낼 수 있도록 스윙을 할 수 있다. 바닥에 있는 공을 때리는 것이 아니라 원하는 방향과 거리로 올바르게 스윙을 하여 공을 보내는 것이다.

골프공은 거짓말을 할 줄 모른다. 골프공을 다루는 사람의 스윙자세가 잘못되어 원하지 않는 방향으로 날아간다. 골프공을 쉽게 다루기 위해서 덩치가 큰 몸에다 작은 공을 맞추는 것이 아니라 작은 골프공에 덩치가 큰 몸을 맞추어야 한다. 상.하.좌.우로 몸이 흔들리는 것을 최소화하는 스윙자세를 갖추어야 골프공을 쉽게 칠 수 있다. 골프는 크게 드라이버, 우드, 롱아이언을 멀리 보내면서 공이 굴러가도록 하는 쓸어 치는 방법과 공을 높이 띄워 굴러가는 것을 최대한 억제시키는 샷, 공이 앞으로 나아갔다가 뒤로 되돌아오는 백스핀 등이 이루어지게 하는 찍어 치는 방법이 있다.

골프는 Par3, Par4, Par5에서 정해진 타수보다 적게 쳐야 우승할 수 있는 운동이다. 그러기 위해서는 정확하면서 정교하게 하는 방법을 터득해야 한다. 누구나 골프를 쉽게 치기를 바라고 있지만 잘못된 원리와 잘못된 방법으로 배우기 때문에 어려운 운동으로 인식하고 있다.

　골프에 관한 이론은 실전에 그대로 적용할 수 있어야 한다. 먼저 원리를 이해하고 그 원리를 스윙을 하면서 몸이 쉽게 이해하여야 한다. 몸이 쉽게 이해하기 위해서 몸의 움직임을 단순화시켜야 답을 찾을 수 있다. 임팩트시 그립을 잡은 둘째손가락(검지)을 위주로 샤프트가 흔들리지 않고 일치되는 것을 느껴야 한다. 발은 양쪽 엄지발가락과 발뒤꿈치에 약간 힘을 주고 어드레스 자세를 취해야 한다. 스윙이 이루어질 때 상하좌우로 몸이 움직임을 최소화하여야 정확한 임팩트가 이루어지게 된다. 골프스윙을 단순한 하나의 원으로 이루어지는 것 같지만 골프스윙의 궤도를 알면 단순한 원운동이 아닌 것을 알게 된다.

　손가락, 팔, 어깨, 허리, 다리가 몸의 일부이지만 골프스윙으로 이루어지면 하나의 몸으로 연결되어 이어지게 된다. 몸의 연결고리를 어떠한 방법으로 자연스럽게 이어지도록 하느냐의 따라 골프공을 멀리 보내면서 정확하게 앞으로 보낼 수 있는 방법을 알게 된다. 이론을 설명학기 위해서 복잡한 것처럼 되어 있지만 몸으로 하는 스윙을 단순하면서 자연스럽게 연결되어야 스윙이 부드럽고 몸이 이해하기 쉽다.

　하루는 24시간으로 돌아간다. 주어진 24시간을 어떻게 사용하는가에 따라 자신의 삶의 질이 달라진다. 지나가면 다시는 돌아오지 않는 시간, 마냥 기다려주지 않는 소중한 시간을 의미 있고 보람차게 보내야 한다. 복잡한 일을 효율적으로 단순하게 묶어서 사용할 줄 알아야 소중한 시간을 유용하게 활용할 수 있다. 복잡하게 일을 처리하게 되면 일이 중복되고 실수로 일을 잘 못 처리하게 되어 쓸데없이 소중한 시간을 낭비하는 꼴이 된다. 일을 효율적으로 사용할 줄 알면 마음의 여유가 생기고 같은 시간에 남들보다 더 많은 일을 할 수 있다.

골프를 통하여 단순미의 묘미를 맛보며 일상생활에도 적용할 줄 아는 지혜를 발휘하여야 한다. 일중일체다중일 一中一切多中一 일즉일체다즉일一卽一切多卽一 즉 하나 가운데 일체가 있고 많은 가운데 하나가 있는지라 하나가 곧 일체요, 많은 것이 곧 하나라는 뜻이다. 골프스윙을 그대로 표현한 대목이다. 골프는 단순미의 묘미를 그대로 표현하고 있다.

백스윙의 높이는 알아야 쉽게 골프스윙을 할 수 있다. 몸이 쉽게 이해하는 백스윙의 높이는 손목이 무릎정도, 허리높이 정도, 어깨높이 정도, 피니쉬까지 4가지가 있다. 이 4가지를 잘 활용하면 골프 타수를 쉽게 줄일 수 있다. 손목이 무릎높이 정도, 허리높이 정도에서는 쓸어칠 때 사용하면 매우 효과적이다. 손목이 무릎높이 정도는 그린 수변에 공이 놓여 있을 때 사용하는 방법이다. 손목이 허리높이 정도는 드라이버로 공을 멀리 보내기 위해 쓸어치거나 그린 주변에서 공을 어프로치할 때 사용을 한다. 손목이 어깨높이 정도에서는 공을 찍어칠 때 사용하는 방법이다.

  사람의 신체구조에 따라 백스윙에서 오버되는 형, 일반적인 형, 백스윙이 적게 올라가는 형이 있다. 자신의 신체구조를 알고 자신에 맞는 백스윙을 찾는 것이 중요하다. 찾는 방법은 간단하다. 우측 손은 팔꿈치를 축으로 하여 옆구리에 붙이면서 위로 접어 올렸을 때 우측 엄지손가락과 검지(둘째 손가락)를 펴고 나머지 세 개의 손가락은 접고 우측 엄지손가락과 어깨높이를 맞춰보면 된다. 엄지손가락이 어깨높이보다 많이 뒤쪽에 있으면 오버 형이고, 엄지손가락이 어깨높이와 동일하면 일반형이다. 엄지손가락이 어깨 높이 보다 낮으면 백스윙이 적게 되는 형이다. 이것을 알면 백스윙의 높이를 조절할 수 있어서 자신의 골프스윙을 만들 수 있다. 특히 백스윙 톱에서 그립을 둘째손가락(검지) 위주로 샤프트가 흔들리지 않을 정도로 가볍게 잡도록 해야 한다. 팔에 무리한 힘을 주면 몸이 경직되어 정확한 스윙을 하기 힘들기 때문이다.

스윙궤도를 올바르게 알아야 한다

 스윙의 궤도를 모르면 골프가 단순한 하나의 원운동을 한다고 생각한다. 어드레스에서 백스윙을 하는 것은 다양하지만 골프스윙의 궤도에 별로 영향을 미치지 않는다. 다만 백스윙톱에서 피니쉬까지 다운스윙, 팔로우스루, 피니쉬까지 용어가 있다. 그러한 용어는 단순히 생겨난 것이 아니다. 용어처럼 스윙의 궤도가 바뀌는 것이다.
 드라이버같은 쓸어치는 경우에는 백스윙 톱에서 손목이 허리정도 내려오면 다운스윙이 되는 것이다. 손목이 허리정도 내려오면 팔로우스루로 변하면서 궤도가 변하게 된다. 팔로우스루에서 피니쉬로 바뀌면 어깨가 회전하면서 궤도가 바뀌게 된다. 이것을 알아야 정확한 임팩트를 할 수 있고 공을 앞으로 똑바르게 보내는 방법을 알게 된다.

탑볼이 생기는 중요한 원인은 백스윙에서 다운스윙으로 손목이 허리부분까지 내려와야 하는데 충분히 내려오지 않고 임팩트를 하면 탑볼이 되는 것이다. 탑볼을 치는 것을 교정하는 방법은 백스윙톱에서 다운스윙을 할 때 손목이 허리높이 정도로 충분히 내려오는 연습을 하면 된다. 손목이 허리높이 부분에서 임팩트 할 때 느낌으로 알 수 있다.

백스윙에서 피니쉬까지 스윙을 하는데 있어서 하나의 큰 원을 그리는 것 같지만 과정에서 크게 3단계로 변화가 있는 것을 알면 슬라이스, 훅이 일어나는 원인을 알 수 있고 쉽게 교정할 수 있는 방법을 알게 된다.

골프스윙을 할 때 셋째손가락과 넷째손가락이 중요하다고 가르치는데 이것은 매우 잘못 된 동작이다.

둘째손가락이 매우 중요한 역할을 한다. 검지는 정확한 임팩트로 하게 만들어 준다. 또한 공을 앞으로 똑바르게 보낼 때 손목회전을 하는데 있어서 매우 중요한 역할을 한다. 뒤땅이 나오는 원인은 셋째손가락과 넷째손가락을 위주로 그립을 잡으면 백스윙톱에서 다운스윙으로 내려올 때 그립에서 검지가 떨어지면 어김없이 뒤땅이 나온다. 백스윙에서 다운스윙을 할 때 검지가 그립에서 떨어지는 것을 쉽게 알 수 있다. 뒤땅을 쉽게 교정하는 방법은 검지위주로 하면 샤프트와 일치하게 되어 뒤땅을 치는 것을 쉽게 교정할 수 있다.

그립을 잡은 손가락의 끝은 검지가 된다. 공을 똑바르게 보내는데 골프클럽을 회전시키는데 손목회전을 쉽게 하게 한다. 손목회전이 쉽게 이루어져야 공을 똑바르게 보낼 수 있다. 공을 앞으로 똑바르게 보내는 방법은 뒤에서 다시 다루기로 한다.

  어드레스부터 피니쉬까지 왼발을 움직이지 않고 끝까지 고정하는 것은 매우 잘못된 동작이다.
  어드레스부터 백스윙으로 이어지고 백스윙 톱에서 다운스윙으로 이어진다. 다운스윙에서 팔로우스루까지 왼발을 고정시켜 주어야 몸이 좌우 움직임이 없어 정확한 임패트를 하게 된다. 팔로우스루 때 공은 이미 공중으로 떠나 버렸다. 팔로우스루에서 피니쉬 동작으로 이어지면 공이 가는 방향으로 어깨가 회전하면서 자연스럽게 왼발도 따라서 회전하게 된다. 타이거우주는 몸이 매우 유연하면서도 탄력성이 뛰어난 선수이다. 몸의 움직임을 최대한 억제시키려고 코치가 이 동작을 적용시킨 것이다.
  어드레스부터 피니쉬까지 왼발을 끝까지 고정시키면 안 되는 이유는 몸의 유연성이 떨어지면 무릎과 허리에 통증이 오게 된다. 통증이 오면 골프에 집중할 수 없으므로 도움이 되는 것이 아니라 오히려 방해만 될 뿐이다. 몸에 무리없이 스윙을 할 수 있고 공을 앞으로 똑바르게 보낼 수 있는 방법의 스윙을 해야 한다. 어드레스에서 왼발을 고정한 것을 팔로우스루까지 지켜주고 팔로우스루에서 피니쉬까지는 어깨회전과 동시에 왼발도 자연스럽게 회전하도록 하는 것이 좋다. 이 방법으로 해도 공은 앞으로 똑바르게 보낼 수 있다. 정확한 원리를 알아야 기형적인 동작을 방지할 수 있다.

쉽게 쓸어치는 방법과 공을 앞으로 똑바르게 보내는 방법은 드라이버, 우드, 롱아이언을 칠 때 사용하는 방법이다. 어드레스 상태에서 발은 양쪽 엄지발가락과 발뒤꿈치에 약간 힘을 주어야 한다. 백스윙에서 피니쉬까지 스윙이 이루어질 때 상하좌우로 몸의 움직임을 최소화하여 정확한 임팩트가 이루어지게 하는 중요한 역할을 한다. 백스윙을 할 때 클럽을 왼손으로 옆으로 밀어 주어야 한다. 이때 주의할 점은 오른손에 힘을 주고 옆으로 당기면 클럽페이스면이 닫히게 되므로 주의 하여야 한다.

백스윙 톱에서 다운스윙으로 내려오면서 손목이 허리정도까지 내려와야 한다. 빗자루로 쓸 듯이 손목이 허리정도까지 내려와야 쉽게 공을 임팩트를 할 수 있다. 손목이 충분히 내려오지 않고 임팩트를 하면 정확하게 쓸어치기가 어렵다. 정확한 임팩트가 되는 것을 확인하기 위하여 공을 티에 놓지 않고 바닥에 놓고 스윙연습을 하여야 한다. 바닥에 놓고 정확한 임팩트가 되면 티에 놓고 치면 쉽게스윙이 이루어진다.

공을 앞으로 똑바르게 보내는 방법에 대해서 설명을 한다면, 공을 앞으로 똑바르게 보내는 원리는 제식훈련을 할 때 원을 돌면 안쪽은 최대한 적게 움직이고 바깥쪽은 최대한 빨리 움직여야 일정한 간격으로 앞으로 가게 된다. 이 원리가 골프스윙에 그대로 적용되는 것이다. 백스윙에서 다운스윙까지 내려오면 우측 팔꿈치가 옆구리에 붙게 된다. 우측 팔꿈치가 옆구리에 붙으면 중심축이 되어 최대한 적게 움직이게 되고 바깥쪽이 되는 둘째손가락은 빨리 회전하도록 움직이게 된다. 다운스윙에서 팔로우스루로 변화가 되면 둘째손가락이 매우 중요한 역할을 한다. 공을 앞으로 똑바르게 보내기 위해서는 손목회전이 원활하게 되어야 한다. 둘째손가락이 손목회전을 시키는 매우 중요한 역할을 하는 것이다.

임팩트를 한 후 왼팔을 공을 보내는 방향으로 쭉 뻗어주면서 오른손은 회전하면서 양팔이 교차하게 된다. 이때 왼발은 어드레스 상태처럼 그대로 유지시켜 주어야 한다. 오른발 뒤꿈치는 땅에서 떨어져 들리게 된다. 이때 공은 공중으로 똑바르게 날아가게 된다. 팔로우스루에서 피니쉬 동작으로 이어지면 어깨가 회전하면서 자연스럽게 왼발도 공을 보내는 방향으로 돌게 되어 있다. 어깨와 함께 왼발도 돌아야 몸에 무리가 생기지 않으므로 이 방법으로 하면 공을 정확하게 앞으로 보내면서 쉽게 쓸어치기가 된다. 임팩트 후 왼팔을 쭉 뻗어주고 둘째손가락으로 오른손을 회전시켜 주는 연습을 하면 쉽게 공을 앞으로 똑바르게 보내게 되어 골프고스를 공략하기가 쉽다.

공을 앞으로 똑바르게 보내지 못하고 슬라이스나 훅을 치게 되면 그 다음 스윙동작이 어렵게 된다. 공을 앞으로 똑바르게 보내는 원리와 방법을 알게 되면 슬라이스나 훅을 발생시키는 원인을 알게 된다. 쉽게 교정하는 방법을 알게 된다. 또한 페이드나 드로볼을 스스로 칠 수 있는 방법도 알게 된다.

슬라이스를 쉽게 교정하는 방법

슬라이스가 일어나는 원인은 백스윙 톱에서 다운스윙으로 내려오고 다운스윙에서 팔로우스루로 이어지면서 손목회전이 원활하게 되지 않는다. 이때 클럽페이스면이 열려 오른쪽으로 공이 휘어지면서 날아가게 되면서 슬라이스가 생기게 되는 것이다. 슬라이스를 교정하는 방법은 임팩트 후 공을 보내는 방향으로 왼팔을 뻗어 주고 둘째손가락위주로 오른손을 회전시켜 주는 연습을 하면 쉽게 교정을 할 수 있다. 공을 치지 않고 빈 스윙으로 손목회전을 할 수 있도록 연습을 하면 매우 효과적이다.

훅을 교정 하는 방법

처음 골프를 접하게 되면 공을 앞으로 똑바르게 가는 것이 아니라 오른쪽으로 휘어지는 슬라이스를 만나게 된다. 자연스럽게 슬라이스를 교정하는 방법을 모르기 때문에 인위적으로 임팩트가 되기 전에 왼팔을 뻗지 못하고 왼팔을 접게 된다. 오랜 연습으로 손목회전이 원활하게 되면서 오히려 왼쪽으로 공이 휘어지는 훅이 발생하게 되는 것이다. 임팩트가 되기 전에 왼팔을 접으면 클럽페이스면이 닫히기 때문에 왼쪽으로 공이 휘어지는 훅이 발생하는 원인이 된다.

 훅을 교정하는 방법은 백스윙에서 다운스윙으로 내려오면서 팔로우스루 할 때 왼 팔을 뻗어주면 공은 앞으로 똑바르게 가게 된다. 여기서 문제점이 발생하게 된다. 오랫동안 임팩트하기 전에 왼팔을 접는 습관이 되어 있기 때문에 왼팔을 뻗어주면 팔꿈치에 통증이 오는 엘보가 발생한다는 점이다. 팔꿈치에 통증이 오는 엘보는 쉽게 교정이 안 된다. 골프클럽 없이 빈손으로 골프스윙을 하면서 왼팔을 뻗어주는 연습을 꾸준히 해야 한다. 오랫동안 왼팔을 접을 습관이 되었기 때문에 왼팔을 뻗어주는 연습이 쉽지 않다. 그러므로 자신에게 맞는 훅을 이용한 페어웨이를 공략할 수 있는 방법으로 선택하는 것도 좋은 방법이다. 골프를 접하는 초보 때는 골프스윙을 올바르게 배우면 훅으로 발생하는 스트레스를 방지할 수 있는 것이다.

 공이 앞으로 나아갔닥가 뒤로 되돌아오는 백스핀을 치는 것과 그린 주변에 있는 벙커에서 쉽게 탈출하는 등 난이도가 있는 기술을 구사하는 것이 찍어치는 방법이다. 드라이버는 멀리 보내면서 정확하게 보내면 호쾌한 기분을 만끽할 수 있다. 공이 앞으로 나아갔다가 뒤로 되돌아오는 백스핀을 치거나 벙커에서 공을 쉽게 탈출하여 홀컵에 들어가거나 가까이 붙이면 짜릿한 기분을 만끽하게 된다. 찍어치는 방법을 알면 특별한 선수들만 느끼는 것이 아니라 누구나 그 감정을 가질 수 있다. 다만 찍어치는 원리와 잘못된 설명과 방법으로 배우기 때문에 그림의 떡처럼 자신의 것이 되지 않는 것이다.

쉽게 찍어치는 방법

그린의 폭은 좁기 때문에 공이 그린에 떨어지면 굴러가는 것을 최대한 억제시켜야 하기 때문에 찍어치는 방법을 사용하게 된다. 찍어치는 방법을 터득하여 찍어치는 것을 약간 응용하면 공이 앞으로 갔다가 뒤로 되돌아오는 백스핀을 치는 방법을 알게 된다. 백스핀을 치는 방법으로 그린 주변에 있는 벙커샷이나 그린 주변에 있는 터프에서 이 방법을 사용하게 된다.

찍어치는 방법을 백스윙을 할 때 어드레스에서 우측팔꿈치가 옆구리에 살짝 붙으면서 위로 손목이 어깨높이까지 들어 올린다. 그 상태로 우측 팔꿈치가 옆꾸리에 붙게 하면서 임팩트로 이어지며 팔로우스루를 하면 된다. 찍어치는 경우는 홀컵에서 대체로 거리가 짧기 때문에 3/4정도 스윙으로 끝나는 경우가 많다.

숏 홀에서는 거리에 따라 백스윙은 어드레스에서 우측팔꿈치가 옆구리에 살짝 붙으면서 위로 손목이 어깨높이까지 들어 올린 다음 백스윙톱으로 이어지면 되는 껏이다. 백스윙에서 손목이 어깨높이 정도로 다운스윙으로 내려온 다음 임팩트를 하면 찍어치는 방법은 쉽게 알게 된다.

백스핀을 쉽게 치는 방법

공이 위로 솟구쳐 그린에 떨어지면 앞으로 나아다가 백스핀이 걸려 다시 뒤로 되돌아온다. 골프에서 찍어치는 타법 중에 백미로 꼽히는 것이 백스핀을 치는 방법이다. 백스핀이 걸리는 스윙을 하는 방법을 알면 특별한 선수만이 칠 수 있는 것이 아니라 누구나 쉽게 칠 수 있다.

백스핀이 걸리는 원리는 다운스윙 때 골프페이스면이 공 끝을 파고 들어 공을 감싸면서 클럽페이스면이 뒤로 팔로우스루 되면서 공이 시계 방향으로 역회전 되면서 위로 솟구쳐 그린에 떨어지면서 앞으로 나아가다가 다시 뒤로 되돌아오는 현상이다.

백스핀을 쉽게 치는 방법은 어드레스에서 오른쪽 팔꿈치가 옆구리에 붙으면서 백스윙이 이루어지게 한다. 백스윙톱에서 다운스윙을 하면 오른쪽 팔꿈치가 옆구리에 붙으면서(이때 손목의 위치는 어깨높이 정도가 된다) 바로 임팩트 되면서 클럽페이스면이 공 끝을 파고 들게 한다. 임팩트 되면서 클럽페이스면이 공을 감싸면서 그대로 위로 올려 지면서 팔로우스루가 되도록 하는 것이다. 3/4 스윙으로 피니쉬가 이루어진다.

　이때 주의를 할 점은 공을 멀리 보내기 위해서는 임팩트 후 팔로우스루 때 왼손 등을 땅을 향하게 되고 오른손 등은 하늘을 향하게 된다. 그러나 백스핀을 치는 손동작은 임팩트 후 팔로우스루 때 왼손 등은 왼쪽으로 향하고 오른손 등은 오른쪽으로 향하도록 되어 있다. 이 부분을 꼭 확인하여야 한다. 왼쪽 옆구리에 수건을 접어서 끼우고 수건이 떨어지지 않게 백스윙을 하고 임팩트 후 팔로우스루 동작으로 스윙을 하면 쉽게 이해가 된다. 짧은 아이언으로 임팩트 때 스윙의 가속력이 강할수록 백스핀이 걸리는 장면을 쉽게 볼 수 있다. 백스핀을 치는 타법은 벙커샷에서 또는 그린 주변에 있는 러프에서 유용하게 사용되는 스윙이다.

　참고로 임팩트 할 때 손등의 모양이 지면에서 직각으로 이루어지는 경우, 손등이 지면에서 45도 정도 경사지게 이루어지는 경우, 손등이 지면으로 향하게 되는 3까지의 경우가 있다. 손등이 지면에서 직각으로 이루어지는 경우는 일반적인 샷을 하는 동작이다. 손등이 지면에서 45도 정도 경사까지 이루어지는 경우는 백스핀을 칠 때 이루어지는 동작이다. 손등이 지면으로 향하는 경우는 허리 정도의 경사진 곳에 공이 있을 때 이루어지는 동작이다. 이것을 알고 상황에 따라 스윙동작을 활용하여야 한다.

필드에서 공을 보내는 방향으로 쉽게 어드레스 자세를 하는 방법

 골프 연습장에서는 정해진 타석에서 생각 없이 어드레스 자세를 취한다. 필드에 나가면 페어웨이 중앙을 기준으로 삼고 어드레스 자세를 취해야 한다. 그런데 대부분은 눈으로 보고 어드레스 자세를 취하기 때문에 엉뚱한 방향으로 어드레스 자세를 취하게 된다. 간단한 방법을 알면 정확하게 페어웨이의 중앙으로 어드레스 자세를 취할 수 있다. 생각 없이 눈으로만 보고 엉뚱한 곳으로 어드레스 자세를 취해 놓고 공은 페어웨이 중앙으로 가기를 바란다. 매우 어리석은 생각이다.
 올바른 어드레스 자세를 취하는 방법은 공 뒤에 서서 페어웨이 중앙 쪽으로 보고 중앙과 연결되는 선상에 있는 공의 앞과 뒤에 있는 조그만 티끌을 보고 공과 티끌을 기준으로 어드레스 자세를 취하면 된다.
 그린에 있는 깃대가 보이면 공 뒤에서 깃대를 보면서 깃대와 연결되는 선상에 있는 공의 앞과 뒤에 있는 티끌을 보고 공과 티끌을 기준으로 어드레스 자세를 취하면 공을 보내고자 하는 방향으로 쉽게 자세를 갖추게 된다. 눈으로만 보고 판단하지 말고 생각하고 방법을 알면 쉽게 알 수 있게 된다.

벙커에서 쉽게 공략하는 방법

 모래 위에 있는 공을 공 뒤에 있는 모래를 공약하는 것은 매우 잘못된 동작이다.
 그린 주변에 있는 벙커에 있는 모리를 공략하면 공을 떠내는 것이 아니라 모래만 떠내게 된다. 공을 떠내려면 어떻게 하면 좋겠는가?
 모래위에 있는 공을 쉽게 공략하는 방법은 클럽페이스면이 공 끝을 파고 들어야 한다. 백스핀을 치는 방법으로 하면 쉽게 모래에서 탈출할 수 있다. 모래의 마찰력으로 인해 공은 백스핀이 쉽게 걸리지 않는다. 공이 모래에 깊숙이 묻혀 있을 때는 체중을 왼발 쪽으로 더 실어 주어야 한다. 팔로우스루를 무시한 채 임팩트 위주로 스윙을 하여야 모래에서 탈출할 수 있다. 벙커 턱이 낮을 때는 찍어칠려고 하지 말고 쓸어치는 타법으로 공만 걷어내면 매우 효과적이다.
 페어웨이에 있는 벙커에서 일반적으로 하는 샷으로 공략하면 쉽게 칠 수 있다. 다만 공 뒤에 있는 모래를 공략하면 안 된다. 골프 연습장에서 백스핀을 치는 연습을 하면 그린 주변에 있는 벙커에서 쉽게 공략할 수 있다.

그린 주변에서 어프로치 할 때 쉽게 공략하는 방법

 그린 주변에서 가까운 거리에 있는 공을 공략할 때 찍어치는 타법은 매우 불리하다. 백스윙을 할 때 무릎 정도 또는 손목이 허리 정도 높이에서 공략할 때는 타법으로 홀컵에 들어 갈 확률이 높다. 찍어치는 타법은 홀컵에 들어가는 것보다 홀컵에 붙이려고 하는 방법이다. 이왕 홀컵에 들어가도록 하면서 홀컵에 붙이는 것이 매우 효과적이다. 백스윙에서 손목이 허리 정도 높이의 거리지만 그린에서 홀컵과 거리가 가깝고 잔디의 거리가 멀리 떨어져 있는 경우는 찍어치는 것이 좋다.

포대 그린을 공략하는 방법과 내리막 경사진 곳에서 공략하는 방법은 일반적으로 많이 알려졌으므로 생략하기로 한다.

퍼트로 쉽게 공략하는 방법

퍼트의 면은 지면에서 90도 가까이 이루어져 있어 백스핀이 일어날 수 없다. 그런데 백스핀이 이루어진다고 이야기하는 사람들이 있다. 퍼트의 면은 지면에서 90도 가까이 이루어져 있어 공을 공략하면 경사면을 따라 흘러간다. 공이 앞으로 나아갔다가 다시 뒤로 되돌아오는 백스핀은 이루어질 수가 없다. 올바르게 알고 사람들에게 전달해 주기를 바란다.

골프 연습장에 가면 실제로 필드 같은 그린을 만들어야 효율적으로 연습을 할 수 있다. 예전에 내가 실제와 같은 그린을 만들어서 사람들에게 가르쳐 주었다.
 퍼트로 효율적으로 연습을 하는 방법은 바닥에 가는 실을 놓고 일정하게 똑바르게 보내는 연습을 한다. 일정하게 앞으로 보내게 되면 100원의 동전 위로 퍼트 면이 스치도록 연습을 하여야 한다. 공이 퍼트 면에 닿는 것이 일정하여야 거리를 일정하게 보낼 수 있게 하는 매우 중요한 연습이 된다. 잔디의 저항을 최소화하려면 공을 홀컵을 30cm정도 지나도록 연습을 하여야 한다. 홀컵에 가까이 공을 붙이면 잔디의 저항으로 인해 방향이 틀어지게 되기 때문이다. 바닥에 가는 실을 놓고 공을 보내면 잔디의 상태가 쉽게 파악할 수 있어 공략 하는 방법을 쉽게 알 수 있다. 경사진 곳에 있는 홀컵을 쉽게 공략하기 위해서는 가는 실을 놓고 연습하는 것은 매우 효과적이다. 짧은 거리는 공과 공을 놓고 맞추는 연습을 하면 홀컵에 쉽게 넣을 수 있는 자신감을 가지게 된다.

 티샷에서 페어웨이로 공을 앞으로 똑바르게 보내지 않으면 공은 치기 어려운 난코스에 놓이게 된다. 오르막에서 헤매고 내리막에서 헤매며 터프에서 힘들게 벗어나면 공도 지쳤는지 벙커에서 쉽게 나오지 않는다. 홀컵에 공을 넣을 때까지 마음의 여유가 없으면 골프를 제대로 즐기지도 못하게 된다.
 티샷에서 페어웨이로 공을 앞으로 똑바르게 보내면 마음도 상쾌하고 여유로움을 가지게 된다. 또한 골프장 주변의 아름다운 경관을 볼 수 있는 시간을 가지게 된다. 골프스윙을 쉽게 하는 방법을 알면 체력적으로 부담이 없꼬 마음의 여유가 있으므로 골프 자체를 즐기게 된다.

  골프는 자신이 보낸 곳에 있는 공을 그대로 칠 수 밖에 없다. 바람이 불면 바람이 부는 대로, 비가 오면 비를 맞으면서 경기를 해야만 하는 것이다. 일반적으로 골프가 마음대로 안 되는 운동으로 알고 있다. 그러나 올바른 원리와 효과적인 훈련 방법을 알면 골프 자체는 쉽다. 골프가 쉬우면 마음대로 되는 것이다.

  필드에서는 잔디에서 공을 공략하여야 한다. 비싼 돈을 지불하면서 필드를 다닌다고 제대로 훈련이 되는 것이 아니다. 골프 연습장도 마찬가지로 인조잔디에서 연습을 하면 큰 도움이 되지 않는다. 그래서 예전에 잔디를 재배하면서 잔디연구를 하였다.

  실제로 잔디에서 실전연습을 하기 위하여 디봇 자리에 잔디를 이식할 수 있는 방법을 터득하였다. 이 방법을 활용하면 오르막과 내리막에 있는 공을 집중적으로 골프스윙을 연습할 수 있다. 또한 러프에서 집중적으로 골프스윙을 연습할 수 있다.

  난이도가 높은 곳에서 실제 잔디를 이용하여 집중적으로 골프연습을 할 수 있는 것이다. 잔디에서 연습한 곳에서 뜯긴 자리를 새롭게 잔디를 이식시켜주면 되는 것이다.

  필드에 가서 비효율적인 훈련을 하는 것이 아니라 난이도가 있는 잔디연습장을 갖추어 집중적으로 훈련을 하는 것이다. 인연이 되면 이것을 활용할 수 있게 만들어 줄 계획이다.

타이거우즈 선수가 전성기 때 페어웨이 중앙에 공을 보냈다. 그런데 두 번째 샷을 했을 때 엉뚱한 방향으로 공이 날아가 버렸다. 타이거우즈 선수는 화를 참지 못하고 골프채를 땅에 집어 던졌다. 타이거우즈 선수는 경기대회를 마칠 때까지 기록이 엉망이 된 적이 있다. 잔디는 성장하면서 줄기가 뻗어 나가는데 줄기는 흙을 꽉 움켜잡고 뻗어 나가기 때문에 이곳에 공이 걸리면 엉뚱한 곳으로 공이 날아가게 된다.

살아가는 삶도 마찬가지로 사소한 것에 감정을 참지 못하여 화를 내면 일이 꼬이면서 난감한 경우가 되는 상황이 발생한다. 일이 한 번 꼬이기 시작하면 쉽게 해결할 수 없는 경우도 생기게 마련이다.

자신의 감정을 다스릴 수 있는 명상 시간을 가져야 한다.

연어처럼

바다와 강을 오가는 연어처럼
수행자는 한계의 경계를 뛰어넘도록
근기를 강하게 키워야 한다.
강물을 거슬러 올라가는 연어처럼
가난한 무소유의 삶을 즐기며
불편한 곳을 즐거운 곳으로 만들어 주게 하는
폭포를 힘차게 뛰어 오르고 또 뛰어 오르는 연어처럼
적극적인 자세로 다양한 경험을 하여
뛰어난 자신만의 능력을 발휘하여야 한다
행동으로 실천하는 수행의 깊은 뜻을 헤아려
무소유의 힘을 발휘하는 수행자가 되어야 한다.

칠흑 같이 어두운 밤

밝은 낮에는 어떠한 길도 쉽게 다닐 수 있지만
칠흑 같이 어두운 밤에는 한 발자국도 쉽게 나갈 수 없다.
달인이 하는 것을 눈으로 보면 쉽게 할 수 있을 것 같지만
자신이 체험을 하면 쉽게 되지 않는다.
달인은 수많은 힘든 노력으로 쉽게 할 수 있는 방법을 터득하였으니
자신의 것이 되지 못하면 시행착오를 겪게 된다.
책으로 보고 귀로 듣고 눈으로 본다고
자신의 것이 되지 않는다.
칠흑 같이 어두운 밤은
일을 직접 경험하지도 않고 생각만 하면
많은 시행착오를 겪게 됨으로
자신이 일을 경험하고 난 뒤
잘못된 부분과 부족한 면을 채우고 또 채워서
자신의 것으로 만들어야 하는 것을 가르쳐 주고 있다.

수행자의 길

수행자의 길은
명상을 하고 행동으로 실천하는 수행을 하여
깨달음을 얻고자 가는 길이다.
쉽게 아는 것은 기억 속에서 사라지지만
힘들게 경험하여 얻은 깨달음은 기억 속에서 사라지지 않는다.
수행을 통하여 경험하여 부족한 것을 채우고 또 채워
불편한 곳을 즐거운 곳으로 만들어
지혜의 길로 다듬어 가는 것이다.
힘든 수행의 과정을 거쳐
시간과 공간을 초월하는 불가사의한 진리의 세계를 경험하면
무소의 뿔처럼 홀로
어디에도 걸림이 없는 진정한 자유인으로
수행자의 길을 간다.

버리고 비우는 마음

버리고 비우는 마음을
집착에서 벗어나게 하는 것이다.
집착을 가지고 또 가져도 끝이 없으므로
영혼의 맑은 소리를 낼 수 없다.
버리고 비우는 마음은
그윽하게 맑은 소리를 내며 울려 퍼지는 종소리처럼
영혼의 맑은 소리를 낸다.
무주無住는 머무름이 없으므로
집착에 얽매이지 않는다는 뜻이다.
우리들의 의식을 텅 비우게 하여
불필요한 것에 대한 집착을 버려야 한다.

살아보니

전생에 대한 기억이 전혀 나지 않는다고
전생이 없다고 말하지 마라.
살아보니
오늘의 일도 시간이 지나면 기억이 나지 않으니
전생의 기억이 어찌 나겠는가.
다음 생을 알 수 없다 하여
다음 생이 없다고 말하지 마라.
졸업은 끝이 아니라 새로운 시작이다.
삶을 마감한다고 끝이 아니므로
다음 생은 새롭게 태어나게 된다.
눈에 보이지 않는 정신세계는
쉽게 볼 수 없는 것을 보게 하고
쉽게 들을 수 없는 소리 없는 소리를 듣게 한다.
살아보니
눈에 보이는 것만 따라가는
어리석은 삶에서 벗어나
의미 있는 삶을 살아가는 이유를 알게 된다.

홀로 산다는 것

누구나 홀로 태어나고
생을 마감할 때도 홀로 떠나간다.
얼굴도 다르고 생각도 다르기 때문에
혼자일 수밖에 없다.
멍 때리기 식으로 무의미한 시간을 보내면
지혜로운 삶을 살아가는 것을 방해하는
큰 장애물로 가로막게 된다.
자신만의 시간을 가져 명상을 하여
행동으로 실천하는 삶을 살아가게 되면
의미 있는 생활을 하게 되어
자신에게도 즐거운 마음을 가질 뿐 아니라
남들에게도 즐거움을 주며
희망을 만들어 주게 된다.

말의 전달

생각이 몸이 움직이는 행동반경이 넓으면 장점들을 찾아내
장점 위주로 활동하게 된다.
생각이 얕고 몸이 움직이는 행동반경이 좁으면 단점을 발견하게 되고
단점 위주로 얼룩지게 한다.
생각이 깊은 공부 수준에 이르면
단점을 장점으로 만들어 매우 유용하게 활동하게 된다.
눈에 보이지 않는 정신세계를 알면
남들이 쉽게 볼 수 없는 것을 볼 수 있다.
말의 전달은 자신이 아는 공부 수준을 표현하는 것이다.
상대방의 잘못된 점을 지적하여 이해를 시키게 되면
상대방은 약의 효과를 발휘하게 된다.
상대방의 잘못된 점을 지적하여도 인정을 하지 않으면
논쟁으로 서로간에 더욱 발전하는 계기가 된다.
그러나
말의 전달 중 가장 비열한 것은
상대방에게 알려 주지도 않고
다른 사람들에게 단점만을 강조하며 이야기 하여
상대방에게 뒤통수를 치게 되면

악연이 되어 큰 부메랑으로 자신에게 되돌아오는 것이다.
말의 전달에는 깊은 생각을 하고 전해야 한다.

단순함의 묘미

복잡한 일은 효율적으로 단순하게 묶어서 사용할 줄 알아야
소중한 시간을 유용하게 활용할 수 있다.
일중일체다중일一中一切多中一 일즉일체다즉일一卽一切多卽一
하나 가운데 일체가 있고 많은 가운데 하나가 있는지라
하나가 곧 일체요, 많은 것이 곧 하나라는 뜻이다.
단순함의 묘미가 알려주는 이치를 알면
마음의 여유로움을 가지게 되어 즐거운 생활을 하게 된다.
만법귀일萬法歸一
만 가지 법이 다 하나로 돌아간다는 뜻이다.
불필요한 것을 버리고 비우는 마음은
단순함의 묘미를 맛을 보게 되지만
불필요한 것을 채우고 또 채우는 마음은
복잡한 것들로 인해 얽히고 설키게 된다.

곡차

하루의 고단함을 풀어주는
청량한 피로회복제가 되고
때로는 몸과 마음이 지쳤을 때
산삼보다 좋은 약의 효과를 발휘하여
삶의 활력소가 되어 주며
정신력을 강하게 키우도록 하는
큰 가르침을 주는 것이 곡차이다.
곡차의 그윽한 깊은 맛을 모르는 사람은
술을 마신다고 탓만 하네.